Henning Schramm

Die Welt in Unruhe

Der Kampf der Demokratie gegen die Autokratie

ÜBER DAS BUCH

Die Welt ist in Unruhe. Soziale Kälte und heiße Kriege, Vertrauensschwund mit Blick auf die Demokratie und ihrer Institutionen, Klimawandel und wirtschaftliche Unsicherheiten zeichnen ein düsteres Bild. Insbesondere Deutschland befindet sich mit dem Erstarken der AfD in einer tiefen politischen Krise. Das Versprechen der Demokratie, Menschlichkeit, Wohlbefinden und Wohlstand zu ermöglichen ist ins Wanken geraten. Populisten, Autokraten und Faschisten versuchen die Situation für sich zu instrumentalisieren. Neo-feudale kapitalistische Konzepte werden aus der Mottenkiste ausgepackt, angetrieben vor allem durch die antidemokratischen, marktradikalen US-Populisten Trump und Musk und andere Rechtspopulisten in Europa und der Welt.

Der Essay-Band greift diese Probleme unter dem Kant'schen Blickwinkel *Was ist der Mensch*, *Was kann ich tun* und *Was darf ich hoffen* auf und unterzieht sie einer detaillierten, kritischen Betrachtung und analysiert die Auswirkungen der derzeitigen politischen Situation für den Einzelnen und die demokratische Gesellschaft im Spannungsfeld von Individuum, Demokratie und Kapitalismus.

Was sind die Wünsche und Bedarfe der Menschen? Wie sieht der gesellschaftlichen Rahmen aus, in der sich die Wünsche der Menschen realisieren können? Was muss sich ändern? Was kann die Demokratie dazu leisten? Wie müsste eine demokratieadäquate Ökonomie aussehen? Was gefährdet Demokratie? Was kann die Politik, die Gesellschaft und jeder Einzelne dafür tun, diesen Gefährdungen entgegenzuwirken und ein menschenwürdiges Leben in Zukunft zu ermöglichen?

Informationen zum Autor und seinen Buchveröffentlichungen finden Sie am Schluss des Buches und unter
www.henningschramm.de

Die Welt in Unruhe

Der Kampf der Demokratie gegen die Autokratie

von

Henning Schramm

Zwölf Essays zu aktuellen Problemen im Spannungsfeld von Individuum, Demokratie, Kapitalismus und Populismus

Bibliografische Information der Deutschen Nationalbibliothek: Die Deutsche Nationalbibliothek verzeichnet diese Publikation in der Deutschen Nationalbibliografie; detaillierte bibliografische Daten sind im Internet über dnb.dnb.de abrufbar.

Verlag: BoD · Books on Demand GmbH, In de Tarpen 42,
22848 Norderstedt, bod@bod.de
Druck: Libri Plureos GmbH, Friedensallee 273, 22763 Hamburg
Umschlagfoto und Design: Henning Schramm
ISBN: 978-3-7693-5312-9

Für Ute

Homo sapiens

Der homo sapiens ist wirklich weise
In seinen Reden und Schriften.
Mit welch unerhörtem Fleiße
Hört man ihn ständig Frieden stiften
Und immer nur zum Besten raten.
Schon beinah göttlich in der Theorie,
Ist er in seinen Taten –
(Oft) dümmer als das Vieh.

Gerhard Schramm

Es ist an dir, frei zu entscheiden
wie du durchs Leben gehst heute und morgen:
Als Herr der Hölle und des Bösen,
Als Sklave des Himmels,
geistlos, doch geborgen,
Oder im Dialog mit der Welt
als Mensch mit eignem Wollen und Begehren
und einem Herz, das lebt.

Henning Schramm

Die Welt in Unruhe

Inhalt

Einleitung: Die Welt in Unruhe

Globalisierung, Internet und Informationstechnologie, Klimawandel, politische und soziale Verwerfungen und Kriege werden flankiert von einer fortschreitenden Kapitalisierung aller Lebensbereiche, in deren Gefolge sich neoliberale und neofeudale Marktwirtschafts- und Marketingprinzipien nahezu ungebremst ausbreiten und immer größere Teile der Erde umfassen. Begleitet wird dieser Trend von einem immer stärker um sich greifenden Lebensgefühl der *Beliebig*- und *Unstetigkeit*. Es manifestiert sich als Verlust von Stabilität und dem damit verbundenen Schwund von Gewissheiten und Orientierungskonstanten. Aber nicht nur die Instabilität wächst, auch das Tempo der Veränderungen hat an Fahrt zugelegt und umfasst immer mehr Lebensbereiche. Das, was gestern Gültigkeit besaß, ist heute überholt und morgen vielleicht schon wertlos, Abfall der Geschichte. Instabilitäts- und Globalisierungstendenz überlagern und verstärken sich gegenseitig. Dies hat möglicherweise explosive Auswirkungen auf das soziale und psychische Leben der Menschen nicht nur in den einzelnen Nationalstaaten, sondern auch für die Stabilität der Weltgemeinschaft insgesamt.

Das gegenwärtige Lebensgefühl, das sich im Zeitgeist spiegelt, ist geformt durch Vergangenheit und die Erwartungen an die Zukunft. Alle drei Ebenen des Daseins sind sowohl auf gesellschaftlicher als auch auf individueller Ebene eng miteinander verwoben, sodass ohne Berücksichtigung dieser drei Zeitdimensionen Aussagen über die gegenwärtige Gesellschaft sowie Erkenntnisse darüber, wie Gesellschaft funktioniert unvollständig bleiben müssen. Eng damit ist die Frage nach dem Wesen des Menschen verbunden, da ohne Kenntnisse der Natur und Bedarfe des Menschen eine Entscheidung darüber, was für den Menschen gut und welche Gesellschaftsform für ihn adäquat ist, ohne Substanz ist. Der Aufklärer und Philosoph Kant, dessen 300. Geburtstag letztes Jahr gefeiert wurde, hat die Frage nach dem Wesen des Menschen (Was ist der Mensch) in den Mittelpunkt seiner Philosophie gestellt und die Klärung dieser Frage mit drei weiteren Fragen verbunden: Was kann ich wissen? Was soll ich tun? Was darf ich hoffen?

Die Verknüpfung der drei Fragen beruht auf der Grundannahme, dass die Verbindungslinie von Vergangenheit, Gegenwart und Zukunft sowohl durch Kausalität als auch Offenheit gekennzeichnet ist. Man kann Zukunft nur denken unter der Annahme, dass sie in irgendwie erwartbarer Art und Weise aus der Vergangenheit und Gegenwart hervorgeht. Die Gegenwart wie auch die Zukunft können so sein, wie sie sind, sie hätten aber auch anders sein können. Sie sind beeinflusst durch geschichtliche Gründe, aber sie sind nicht determiniert durch diese Gründe.

Gesellschaftliches und individuelles Handeln ist wesentlich Kontingenzbewältigung und basiert auf der These einer Nichtnotwendigkeit des Soseins des Bestehenden und der prinzipiellen Offenheit der Zukunft. Ein Denken in die Zukunft überschreitet Grenzen und begreift das Neue als etwas, das bereits in der Geschichte angelegt war und im Gegenwärtigen vermittelt ist.

Es stellt sich also allgemein die Frage nach dem Bedingungsrahmen meines Handlungspotenzials, an was kann ich mich in meinem Tun orientieren und was kann ich von meinem Tun erhoffen und erwarten. Handeln ist ohne Erwartungen an die Zukunft und Antizipation von Zielen nicht möglich. Da unser Wissen über die Welt immer unvollständig ist, vollzieht sich unter diesen Voraussetzungen das Handeln und das Urteilen, das einer Handlung vorweggeht, immer unter Unsicherheit. Irrtümer und Fehleinschätzungen geschehen, weil man urteilen muss, obgleich man nicht alles weiß, was dazu erfordert wird. Das macht die Handlungsentscheidung schwer und braucht Mut.

Um unter den Bedingungen, nicht alles wissen und trotzdem Ziele und Erwartungen an eine zukünftige Gesellschaft formulieren zu können, die einem intersubjektiven Willen entsprechen, braucht es etwas, was allen Menschen gemein ist, und einen Wert in sich hat, der konsensfähig ist.

Das ist einmal die Vernunft, die jeden Menschen auszeichnet, und zum anderen die prinzipielle Freiheit und Würde eines jeden einzelnen Menschen von Geburt an. Sich selbst Gesetze oder ‚Prinzipien' zu geben, ist die ethische Erfüllung der menschlichen Freiheit. Daraus leitet etwa Kant den Satz ab: Handle so, dass du die Menschheit sowohl in deiner Person erkennst als auch in der Person eines jeden anderen und diese andere Person einen Zweck in sich hat und niemals bloß Mittel ist. Jeder einzelne Mensch steht demnach für die gesamte Menschheit und eine universal geltende Ethik, unter die wir heute die universalen Menschenrechte subsumieren. Daraus leitet sich die für alle Menschen geltende Zielsetzung ab, gesellschaftliche Bedingungen herzustellen, die menschengerecht sind und es dem Individuum ermöglichen, Eigenverantwortung zu übernehmen und unter Berücksichtigung der anderen selbstbestimmt sein Leben zu gestalten.

Die Gesellschaft steht also auf dem Prüfstand, ob sie Wissensaneignung, Wahrheitsfindung, vernünftige Willensentscheidungen, autonomes Handeln und Freiheit ermöglicht.

Rousseau sah die Menschen überall in Ketten, obwohl sie frei geboren waren. Sie müssen mutig ihre Freiheit erkämpfen und bewahren. Wer sich selbst zum Wurm macht, darf sich nicht wundern, wenn er getreten wird. Die Aufklärer der damaligen Zeit richteten sich gegen eine bis dahin als gottgegeben angesehene Ordnung, in der Kirche und Monarchie die Menschen in Unfreiheit hielten. Beide repräsentierten eine Ordnung, die von unhinterfragbaren Mächten und Institutionen gestützt wurde. Dieses Tabu wurde in der Zeit der Aufklärung durchbrochen und gesellschaftspolitische Ziele wie mehr persönliche Handlungsfreiheit (Emanzipation), Bildung, Bürgerrechte, allgemeine Menschenrechte und Gemeinwohlorientierung des Staates wurden als neue mögliche gesellschaftliche und individuelle Lebensziele formuliert, die durch vernünftiges Handeln erreicht werden können.

Vernunft als eine spezifisch menschliche Fähigkeit ist allen Menschen angeboren und erlaubt es dem menschlichen Geist, seine Bezüge zur Realität zu organisieren und in einen diskursiven, rationalen und logischen Erkenntniszusammenhang zu stellen (zwei Dinge können nicht gleichzeitig richtig und falsch sein). Der Verstand muss durch Bildung befähigt werden, Dinge richtig zu erkennen und zu beurteilen und zwischen Recht und Unrecht zu unterscheiden. Um emanzipatorisch handeln zu können, müssen wir uns vermittels Vernunft und Verstand erarbeiten, wie die Welt funktioniert, was gut und schlecht ist. Fakten sind blind. Sie können das eine oder das andere bedeuten. Sie gewinnen Wert und Klarheit erst durch den Zusammenhang, in dem sie stehen. Wenn wir zu der Einsicht gelangen, dass etwas schlecht ist, sind wir aufgefordert, in eigener Verantwortung so zu handeln, dass wir die Ursache einer Handlung sind – und sollen das Handeln nicht an außer uns stehende Mächte delegieren.

Ziele, Antizipation von Zukunft und Handlungspotenziale ergeben sich nicht in einem luftleerem Raum, sondern aus kritischer Betrachtung des Hier und Jetzt unter Berücksichtigung der Bedürfnisse des Menschen.

Die erste grundsätzliche Frage unter dem Blickwinkel der ‚conditio humana' ist dann: Was sind die Bedarfe und Bedürfnisstrukturen, die allen Menschen gemein sind? Wie sehen sie aus und welche Schlussfolgerungen lassen sich daraus für die Gesellschaft ableiten?

Aufbauend auf diesen grundsätzlichen Fragen zum Menschsein, wird der Frage nachgegangen, wie der gesellschaftliche Rahmen, in dem wir diese Ziele realisieren können, aussieht. Welche Staatsformen bieten sich an? Was ermöglicht uns die Demokratie und was gefährdet Demokratie? Was kann, was soll der Staat und jeder Einzelne dafür tun, diesen Gefährdungen in Form von Lügen, Tatsachenverdrehungen, Drohungen, Hass und Hetze, Kraftmeierei und kapitalistischen Systemimperativen entgegenzuwirken und ein menschenwürdiges Leben in Zukunft zu ermöglichen?

I CONDITIO HUMANA

1 Was ist der Mensch?

Der Begriff ‚Conditio humana' bezieht sich auf die Grundbedingungen des menschlichen Seins und verweist auf die Endlichkeit und Verletzlichkeit menschlicher Existenz. Er beleuchtet die Bedingtheit und besondere wechselseitige Abhängigkeit der Menschen in einer Welt relativer Geschlossenheit und Begrenztheit, ebenso wie auf die Möglichkeiten und die Freiheit auf eine bestimmte Art und Weise zu sein und sein Leben zu gestalten.

Denis Diderot, ein wichtiger Vertreter der Aufklärung, hat den Lebenslauf aus seiner Zeitperspektive mit scharfer Zunge so beschrieben: Blöde geboren werden, unter Schmerzen und Schreien; Spielball von Unwissenheit, Irrtum, Not, Krankheiten, Bosheit und Leidenschaften sein; Schritt für Schritt zurückkehren zur Blödheit; vom Kleinkindergebrabbel zum Altersfasel; leben inmitten von Halunken und Scharlatanen; sterben zwischen einem Quacksalber, der einem den Puls fühlt, und einem Pfaffen, der einem das Hirn verwirrt; nicht wissen, woher man kommt, warum man gekommen ist, wohin man geht; das nennt man also das wichtigste Geschenk unserer Eltern und der Natur: das Leben.

Man kann das Leben so beschreiben wie Diderot, aber Leben ist sicher etwas mehr als das, was er hier sarkastisch, kurz und bündig über das Leben schreibt. Ich will versuchen, das Leben etwas breiter aufzufächern. Hannah Arendt versteht Leben als einen biologischen Lebensprozess, den Stoffwechsel, das sich immer verzehrende und immer erneuernde Leben der Gattung homo sapiens, den großen Kreislauf der Natur. In der Tätigkeit des Arbeitens, das Ruhens, Verzehrens, Konsumierens, Spielens, Zeugens nehmen wir an diesem Leben teil. Als Weltwesen erschaffen und gestalten wir eine künstliche, kulturelle Welt von Dingen.

Aus evolutionär-anthropologischer Perspektive liegt der Ursprung und Schlüssel der kulturellen Evolution des Menschen in dem »sozialen Ur-Talent«, der Soziabilität des Menschen begründet. Die spezielle Weise, wie Menschen lehren, lernen, zusammenarbeiten und einander helfen, unterscheidet uns ›ultra-soziale‹ Wesen von allen andern sozialen Tieren. Wir arbeiten also von Natur aus gerne mit anderen zusammen. Auch anderen zu helfen, Hilfsbereitschaft zu zeigen, liegt in unserer Natur. Basis eines solchen Verhaltens ist Vertrauen und Wir-Bewusstsein, das an der Wiege des modernen Menschen stand, und das den Homo sapiens zur kulturellen Intelligenz, zu einer einzigartigen Weitergabe von Erlerntem und kumulativer Kultur befähigte. Der Mensch ist im Kern also Kultur- und Sozialwesen.

Mit der kulturellen und neurophysiologischen Evolution bis zum homo sapiens war eine entscheidende Wende in der Entwicklung des Organismus verbunden. Der lebende Organismus war in der Lage, sich selbst zu reflektieren. Er konnte den Bauplan seiner selbst sichtbar und seiner Erfahrung und seinem Erkenntnisapparat zugänglich machen. Er konnte die Idee dieses Bauplans, die seine Existenz begründet, reflektieren und beginnen, über sein Leben nachzudenken. Der Mensch, mit all seinen spezifischen physiologischen Besonderheiten wie dem Skelettbau, der differenzierten Sprachentwicklung und der ‚theoretischen Kultur‘, ist am vorläufigen Ende der evolutionären Entwicklung des Lebendigen befähigt worden, ein Bewusstsein vom Ich herauszubilden. Ein Ich, das den Raum, die Klammer aller Erkenntnisse bildet. Das Bewusstsein, lokalisiert in Milliarden von Hirnzellen und ihren Verknüpfungen, synthetisiert die gedanklich präsente Erfahrung zu einer aufeinander bezogenen Einheit (Entität). Grundlage dieses Ichbewusstseins ist also das gespeicherte Wissen über die Summe der subjektiven Erfahrungen, die in unserem Gehirn gespeichert sind und bei Bedarf abgerufen werden können.

Die Erfahrbarkeit der Welt ist durch die Ausstattung des Organismus mit Sinneszellen begrenzt. Nur das, was mit den Sinnen erfahrbar und im Gehirn abgespeichert und erinnert werden kann, bildet die Erfahrungsebene des Ich, ist subjektiv wirklich. In diesem Prozess der Verarbeitung von Sinneseindrücken entsteht die Vorstellung von Welt – und vom Ich inklusive. Um mit Kant zu sprechen: Der Mensch bildet die Welt entsprechend der Struktur seines Denkvermögens und Erkenntnisapparats (Vernunft), gibt den ungeordneten Erscheinungen eine Ordnung und ›erfindet‹ Gesetzmäßigkeiten, die sich aus der Urteilskraft seines Verstandes herleiten.

Dadurch, dass sich der Mensch mit seinen kognitiven Möglichkeiten und seiner Fähigkeit zu Bewusstseins- und Ideenbildung von den unflexiblen, genetisch codierten und langsamen biologisch-evolutionären Prozessen des ›Machen-Könnens-von-Erfahrung‹ tendenziell entkoppeln konnte, hat er sich in stammesgeschichtlich sehr kurzer

Zeit Spielräume geschaffen, die zu der enormen Ausdifferenzierung und Komplexität menschlicher Fähigkeiten geführt haben, die unter dem Begriff der kulturellen Evolution zusammengefasst werden. Entsprechend der Komplexität der Welt und des Menschen reicht eine dem rationalen Denken und der Vernunft verpflichtete wissenschaftliche Betrachtungsweise allein nicht aus, um den Menschen und seine soziale Lebenswelt in all seinen verwinkelten Facetten und differenzierten Erscheinungen erfassen zu können. Es bedarf zusätzlich der personalen und poetischen Komponente der Weltsicht, in der Sehnsüchte, Leidenschaften und Ängste (wie sie gerade in der Jetztzeit wieder vermehrt beobachtbar sind) artikuliert werden können. Eine Betrachtungsweise, die sich in Bildern von Gefühlen, Erleben, Initiative, Verlust und moralischem Empfindens ausdrückt.

Eine poetische Welt ist eine Welt des Nicht-Wissens, die Ängste und Unsicherheit hervorruft. Manches von dem Nicht-Wissen ist durch die Wissenschaft dem Wissen zugänglich gemacht und so dem ‚Göttlichen', dem ‚Heiligen' entzogen worden. Dies hat deren Macht über die Menschen eingeschränkt. Jedoch, vieles wissen wir auch heute nicht und dies Nichtgewusste (und auch Nichtbewusste) lebt zum Teil in Mythen und Poesie als bloße Möglichkeit weiter. Mythisches und mystisches Empfinden, ein Empfinden von Ehrfurcht vor einem Unbekannten, Unverfügbaren, einem Umgreifenden, wie zum Beispiel dem Universum, das sich unserem Wissen entzieht, ist ein wichtiger Aspekt des Menschseins.

Der Mensch muss sich dem Nicht-Wissen stellen. Um Ängste vor der Welt, die sich aus Ungewusstem und Unbewusstem bilden, zu mildern, braucht es selbstreflexive

Ehrlichkeit und eine Portion Mut, um die verborgenen Impulse des ‚limbischen Systems' (in dem sich die Gefühlswelten bilden und gespeichert sind) an die Oberfläche treten zu lassen. Es braucht ein lassendes Denken, das sich von den Dingen etwas sagen lässt, ein Denken, durch das Chiffren, Codes wahrgenommen werden können. Wir fühlen, bevor wir denken. Damasio, von dem dieser Satz stammt, hat in seinen Forschungen aufgezeigt, in welch großem Umfang der Mensch von Gefühlen geleitet ist und wie stark der Mensch seine Welt und sich selbst in Form von Bildern wahrnimmt, die gefühlt werden und im Gehirn keine Verbalisierung erfahren (ich denke, dass in der politischen Diskussion diesem Aspekt heute weit größere Beachtung zukommen müsste).

Poetik ist in der Lage, eine solche Unverfügbarkeit, umgreifende Einzigartigkeit und Subjektivität auszudrücken und zu spiegeln. Personen eines Romans etwa haben Intentionen und Gründe dieses zu tun oder zu lassen. Und sie machen Fehler, sie sind nicht allwissend (nicht göttlich). Sie sind nicht unverfügbar, sondern werden von außenstehenden physischen, psychischen und sozialen Mächten bedrängt. Im Vordergrund der Ereignisse steht das subjektive Denken der handelnden Personen, deren nachvollziehbaren Fehlschläge, Missgeschicke und Schicksale wie auch deren Verhalten in diesem Beziehungsgeflecht.

In den letzten Jahrhunderten hat die westliche Welt zwei große Revolutionen der Weltsicht erlebt. Kopernikus hatte zu Beginn der Neuzeit das geozentrische Weltbild und Darwin hatte am Anfang des industriellen Zeitalters die anthropozentrische Perspektive revolutioniert. Mit der

Evolutionstheorie und kraft unseres objektiven, wissenschaftlichen Denkens sind wir heute in der Lage, viele Aspekte der menschlichen Natur und Naturvorgänge zu verstehen, unser Wissen zu mehren und Mythen zurückzudrängen. Zusammen mit der Aufklärung und der Dominanz der objektiven, wissenschaftlichen Denkweisen führte das zu der Säkularisierung der westlichen Welt. Die religiösen Empfindungen, Lebensformen und Glaubenswahrheiten, die Jahrtausende die Weltperspektive geprägt hatten, sind damit natürlich nicht erloschen, sondern existieren als sakrale parallel zu den profanen Lebensformen und Denkweisen weiter.

Wissenschaftler, Philosophen, Poeten und Theologen, die sich mit dem Menschensein heute beschäftigen und das Wesen, das Besondere und Allgemeine des Menschen ergründen wollen, ist die Aufgabe gestellt, das Umgreifende, das Unverfügbare, die Essenz des Menschlichen und des Menschengeschlecht (auch im archetypischen Sinn) sichtbar zu machen. Dies kann nur gelingen, wenn sowohl die objektiv-wissenschaftlichen wie auch die subjektiv-poetischen Dimensionen des menschlichen Seins Berücksichtigung finden.

Fragt man auf dieser Grundlage nach dem Sinn des menschlichen Lebens, so ergäbe sich aus naturwissenschaftlicher Perspektive als Antwort: Der Mensch lebt, weil die Natur ihn mit Lebenswillen ausgestattet hat, der in der Erhaltung des harmonischen Gleichgewichts des Organismus begründet und bei Erfolg mit Wohlgefühlen verbunden ist. Lust- und Glücksgefühle sind integrative und sinnvolle Urstoffe des Lebendigen. Sinnvolle Lebensführung darf also nicht auf asketische Aspekte zur Aufrechterhaltung und Reproduktion des Lebens reduziert werden, sondern impliziert gleichermaßen das Streben nach und das Erleben von Glück und gutem Leben.

Die relative Freiheit von der Naturgebundenheit durch den Prozess der Enkulturation und der eigenverantwortlichen, selbstbestimmten Gestaltung seiner Lebenswelt, wie auch der Wille zum Leben, das Streben nach Wissen und gutem Leben markieren einen Teil der menschlichen Existenz. Der andere Teil ist geprägt von seiner Emotionalität, seinen Leidenschaften, seiner ungeplanten Spontaneität und Liebe.

Der Bedeutungsgehalt von Letzterem ist im genetischen Sprachcode mit Fortpflanzung verknüpft, ein arterhaltendes Merkmal des Organismus, das für die Überlebenschancen der Art unerlässlich ist. Liebe ist also arterhaltend. Neueste Untersuchungen der Neurowissenschaften zeigen ebenfalls, dass Liebe ein zentrales Steuerungsmerkmal für das Paarungsverhalten darstellt. Beim Gedanken an den Geliebten werden Gehirnareale angeregt, die die Aufmerksamkeit fokussieren und Motivation unterstützen. Sie aktiviert gleichzeitig auch das Belohnungssystem im Zentrum des limbischen Systems und ruft Gefühle hervor, ähnlich wie nach dem Genuss von Kokain und anderen Opiaten. Wird die Liebe erwidert, erweckt sie in uns ein Gefühl des Rausches. Der Ausstoß von Dopamin, Noradrenalin und Endorphinen und die Aktivität im ventralen Tegmentum, dem zentralen Bestandteil des Lustzentrums im Gehirn, werden erhöht.

Wir leben in Gemeinschaft mit anderen Menschen und Lebewesen. Der Mensch ist im Wesentlichen soziales Wesen mit ausgeprägtem Wir-Bewusstsein und bedarf der Gesellschaft und Empathie anderer Menschen zur stabilen Entwicklung seiner Persönlichkeit und seines Ichs. Mitgefühl für Menschen ist deswegen ein unentbehrliches Leistungsmerkmal des menschlichen Organismus für die Aufrechterhaltung und Weiterentwicklung seiner personalen Integrität, der wechselseitigen zwischenmenschlichen Beziehungen und der Entwicklung seiner Soziabilität und Kultur.

Die Gesellschaft, wie auch immer sie im Einzelnen strukturiert sein mag, muss Möglichkeitsräume bieten, die der Soziabilität des Menschen entsprechen und so dem Wir-Gefühl wie auch der Freiheit des Willens des Menschen, die im nächsten Kapitel behandelt wird, gleichermaßen Rechnung tragen und zur Entfaltung bringen können.

2 Die Freiheit des Willens

Der absolut Freie lebt außerhalb der Gemeinschaft, der Sittlichkeit und der Moral in der Wüste seiner Einsamkeit.

Ohne Einsicht in die Notwendigkeit ist Freiheit nicht möglich. Die Kenntnis (Einsicht) in die real gegebenen Bedingungen (Notwendigkeit), so argumentiert Friedrich Engels, ermöglicht erst einen freien Willen, der darin besteht, sich für oder gegen das Notwendige zu entscheiden, das Notwendige zu tun oder zu lassen. Eine Willensentscheidung ohne Einsicht in die Notwendigkeit kann demnach nicht frei sein. Sie ist Selbsttäuschung oder ein manipulierter Willensakt.

Engels folgt darin Hegel, der Freiheit beschrieben hat als eine Phase ohne Zwang, aber unter Einsicht in die Notwendigkeit. Die von Hegel geforderte Einsicht in die Notwendigkeit hat eine innere und eine äußere Perspektive.

Die innere Perspektive besagt, dass Freiheit nicht bedeutet, als Person indeterminiert zu sein, sondern sich über die Art der Determiniertheit bewusst zu werden. Je mehr ein Mensch versteht, wie er selbst denkt und handelt und letztlich funktioniert, umso eher kann er sich von den ungewünschten Arten der Determiniertheit befreien und die gewünschten dann aufgrund einer freien Entscheidung bestehen lassen.

Die äußere Determiniertheit bezieht sich auf die gegebenen umweltbezogenen Notwendigkeiten. Die Freiheit entfaltet sich von vornherein nur innerhalb dieser Gegebenheiten, in die der Mensch hineingeboren worden ist. Die von Hegel geforderte Einsicht in die Notwendigkeit bedeutet allerdings nicht die Unterordnung unter eine fremd definierte, insbesondere obrigkeitsstaatliche Notwendigkeit, die man nur einzusehen brauche, sondern vernünftige Urteile über die die Freiheit einschränkenden Notwendigkeiten zu fällen.

In dieser äußeren Perspektive ähnelt der Ansatz der Existenzialisten demjenigen Hegels. Das besondere an der menschlichen Freiheit, wie sie Jean-Paul Sartre und Albert Camus unabhängig voneinander formuliert haben, besteht darin, dass der Mensch die Wahl hat, sich gedanklich in die Umstände zu fügen oder über diese im Rahmen der stets begrenzten menschlichen Möglichkeiten hinwegzuschreiten, seien sie natürlich, gesellschaftlich oder durch Naturgesetze bedingt. Da sich niemand, auch der Gefangene im Kerker nicht (er könnte sich theoretisch durch Suizid dem Zustand des Gefangenseins entziehen), in letzter Konsequenz mit den gegebenen Umständen abfinden muss, bleibt der *zur Freiheit verdammte* Mensch frei. Den als gegeben angesehenen hindernden Umständen wird von diesen Autoren keine freiheitsbegrenzende Qualität zugesprochen. Freiheit bedeutet dann aber notwendigerweise, an diesen Umständen, mit denen sich der Mensch nicht abzufinden bereit ist, zu leiden. Scheitern begrenzt die Freiheit nicht, sondern ist Teil der menschlichen Existenz und gehört somit zu seiner Freiheit.

Die innere Perspektive, die alle Gefühle und Wünsche, das Wollen, Urteile und Entscheidungen umfasst, bezieht sich also auf die Autonomie der Selbstsetzung und Selbstwerdung des Menschen unter Einbeziehung der äußeren Gegebenheiten, auf die Person als ein freies, vernünftiges, selbstbewusstes, würdiges Wesen, das für seine Taten selbst verantwortlich ist und Macht über sich selbst hat.

Eine Frage, die die Philosophen, aber auch die Sozialwissenschaft, Rechtswissenschaft und Neurowissenschaft seit jeher besonders beschäftigt, ist: Inwieweit ist das Wollen, der menschliche Wille bedingt oder unbedingt? In welchem Umfang hat der Mensch ein *liberum arbitrium*: einen freien Willen?

Stellen wir uns für einen Moment einen unbedingt freien Willen vor: Er müsste sich losgelöst von Körper, Charakter, Gedanken, Emotionen und Empfindungen, Fantasien und Erinnerungen und in einem Raum ohne Menschen, die mich beeinflussen können, entwickeln. Könnte ich solch einen Willen als *meinen* Willen identifizieren? Jeder vernünftige Mensch müsste zu dem Schluss kommen, dass dies nicht mein *eigener* Wille wäre. Es wäre ein Wille ohne meine Beteiligung, ein Wille, mit dem mein Ich nichts zu tun habe, in dem ich mich nicht wiederzuerkennen vermag. Und er wäre unberechenbar. Bedingungslose Willensfreiheit würde einen Willen als unbewegten, gottähnlichen Beweger (in Anlehnung an Aristoteles‘ göttlichen Ursprung der Welt) voraussetzen, der aus dem nichts entspringt. Solch ein Wille als erster Grund ist unter Berücksichtigung psychologischer, gesellschaftlicher als auch physiologisch-körperlicher Aspekte nicht denkbar. Das, was ich will, ist immer zum Teil auch bedingt. Wenn dem so ist, stellt sich die Frage, wie groß der Anteil der Bedingtheit an meiner Willensäußerung ist und wie das Ich mit der Bedingtheit umgeht.

Um einen Willen als meinen eigenen anzuerkennen, ist Voraussetzung, dass ein auftauchender Wunsch sich in ein überdauerndes, zeitlich fassbares Wollen transformiert. Durch abwägendes Denken (Warum will ich das? Was bedeutet das für mich? Welche Folgen hat das Wollen für mich und für andere?) und daraus abgeleiteten Urteilen und Entscheidungen mündet der Wille schließlich in ein Handeln.

Die Freiheitsgrade des Willens sind durch die Person und deren Körperlichkeit, Biografie, Herkunft, Umgebung und Geschichte, durch den Raum, den sie der Fantasie gibt, durch Selbsterkenntnis und Selbstbewusstsein, durch ihre Bildung und Aufgeklärtheit, sowie in spezifischer Weise durch ihr Denken und Urteilen abgesteckt und bedingt.

Die Abfolge innerer Beweggründe vom Wunsch (der einem vagen Gefühl oder einer starken Gefühlsregung entspringen kann) bis zum Urteil und zur Entscheidung (die beide der Kausalität unterworfen sind) und schließlich zum Handeln (begrenzt durch Moral und Notwendigkeit) ist Bedingungen unterworfen, die der Handelnde in Betracht ziehen muss. Zu diesen Bedingtheiten des Urteils gehört auch, wie das Kant formuliert hat: Niemand kann mich zwingen auf seine Art (wie er sich das Wohlsein anderer Menschen denkt) glücklich zu sein, sondern ein jeder darf seine Glückseligkeit auf dem Wege suchen, welcher ihm selbst gut dünkt, wenn er nur der Freiheit Anderer, einem ähnlichen Zwecke nachzustreben, die mit der Freiheit von jedermann nach einem möglichen allgemeinen Gesetze zusammen bestehen kann, (das heißt, diesem Rechte des Andern) nicht Abbruch tut.

Willensfreiheit ist an die *Aneignung eines Willens* gebunden, die nur im Rahmen des Personseins stattfinden kann, so eine zentrale These von Peter Bieri.[1] Ein Wille ist frei, wenn er zu meinem Selbstbild passt, wenn er etwas ausdrückt, mit dem ich mich identifizieren, den ich mir selbst zuordnen und zurechnen kann.

Niemand ist frei, der nicht über sich selbst verfügen kann. Jedoch ist das nur eine notwendige Bedingung der Willensfreiheit, denn auch, wenn ich Herr meiner Selbst bin, bin ich nicht frei von Beeinflussung durch andere. Ein Wille entwickelt sich nicht in der inneren Abgeschlossenheit meines Gehirns, meines Bewusstseins. Zu meiner Freiheit gehört, dass ich mit anderen im Austausch bin, in dem sich mein Selbst-Bewusst-sein konstituiert, dass ich Erfahrungen mit anderen Personen teile und so auch von diesen beeinflusst werde, auch in meiner Willensbildung.

Eine wichtige Frage ist auf diesem Hintergrund: Worin liegt der Unterschied zwischen einem eigenen, aus meinem Selbst entspringenden Willen und einem bloß übernommenen oder von anderen manipulierten oder gar aufgezwungenen Willen?

Ich kann der Beeinflussung durch andere zwar nicht vollständig entgehen (ich erinnere an Watzlawicks These: Ich kann nicht nicht kommunizieren), aber ich kann mich fragen, ob und wieweit der Einfluss anderer meiner eigenen Willensbildung förderlich ist – oder ihr entgegensteht. Ein Einfluss, der meinem Wunsch, meinen Überlegungen und Urteilen widerspricht oder nicht adäquat ist, wird als

---

[1] Peter Bieri, Das Handwerk der Freiheit. Über die Entdeckung des eigenen Willens. Frankfurt 2009, S. 384.

fremd, als meinem eigenen Willen nicht zugehörig erlebt. Willensschwäche würde dann zum Beispiel bedeuten, es nicht zu schaffen, dem eigenen Wunsch zum Durchbruch zu verhelfen und den Willen zu entwickeln, den ich im Einklang mit meinem Denken und Urteilen haben möchte.

Die Freiheit des Willens unterscheidet sich von Unfreiheit, wie wir gesehen haben, nicht dadurch, dass das eine unbedingt und das andere bedingt ist, sondern dadurch, welcher Art die Bedingungen sind (bei einer Gehirnwäsche zum Beispiel wäre ich nur der Lakai eines fremden Gedankens). Entscheidend ist deswegen nicht die Bedingungslosigkeit, sondern die Frage, unter welchen Bedingungen eine Person sich einen Willen aneignet und zu einer Entscheidung und schließlich zum Handeln kommt, in dem sie sich wiedererkennt und mit dem sie sich identifizieren kann. Eine als richtig empfundene Entscheidung basiert auf eigenen abwägenden Urteilen und geschieht in kritischer Distanz zu dem eigenen Wollen und zu sich selbst (die Unfreiheit einer Entscheidung würde in diesem Sinne dann bedeuten, dass der Wille auf ‚*falsche Weise*' bedingt ist).

Die verlässliche Freiheit der Entscheidung ist darin begründet, dass sich mein Wille meinem Urteil fügt, und ich etwas wollen kann, was ich für richtig halte. Das Für-richtig-Halten, kann in einer großen Leidenschaft im Sinne eines lebensbestimmenden Willens, der befreiende, identitätsbildende Kontinuität besitzt, begründet sein. Aber natürlich ist das Leben im Allgemeinen bei den meisten Menschen nicht von nur *einer* lebensleitenden Leidenschaft bestimmt, sondern von vielen abwägenden Urteilen und suchendem Wollen. *»Wir möchten uns das Gesetz unseres Willens selbst geben können«,* so Peter Bieri in ‚Das

Handwerk der Freiheit‘, aber das soll nicht bedeuten, dass *»wir als Burgbewohner in einer inneren Festung leben, in einer Zitadelle, die es insgesamt gegen äußere Einflüsse zu verteidigen gilt ... Das Gesetz des eigenen Willens gilt nie für immer, denn es ist das Gesetz eines fließenden Selbst ... Ein Selbst, wie es sich aus dem inneren Abstand zu uns selbst entwickelt, ist ein vorübergehendes Gebilde auf schwankendem Grund, und es gehört zu den Voraussetzungen für Willensfreiheit, diese einfache und offensichtliche Tatsache anzuerkennen. Genauso wie die Tatsache, daß es Zeiten gibt, in denen wir weder autonom sind noch das Gegenteil. Diese Erfahrung zu leugnen hieße, die wichtige Idee der Autonomie zu einer Chimäre zu machen.«* [2]

Menschliches Sein zeigt sich nicht nur in seinem Willen, sondern äußert sich wesentlich im Handeln, in der Tat, die der Entscheidung folgt. Indem ich handle, wird die Distanz, die zwischen Wille und Tat besteht, aufgehoben. Der Wille wird in die Welt entlassen und kann dort wirksam werden. Wenn die Distanz bestehen bliebe und keine Entscheidung getroffen würde, bliebe alles in der Schwebe. Die Person würde sich die Freiheit der Entscheidung und des Handelns nehmen und käme nicht dazu, ihre Wünsche handlungswirksam werden zu lassen. Sie bliebe im Zustand eines Beobachters ihrer selbst, die unbeweglich in einer inneren Starre verharrt und sich nicht als Subjekt und Akteur des eigenen Willens erfahren könnte.

Die Freiheit des Menschen besteht deswegen gerade auch darin, dass er die Entscheidung sucht, sich der Ent-

[2] Peter Bieri, a.a.O., S. 423.

scheidung stellt, und den Spielraum, den ihm die bedingte Entscheidungsfreiheit (eine Wahl zu haben, dies oder jenes zu tun) bietet, nutzt. So wahr es ist, dass die Freiheit des Individuums erst dort beginnt, wo es keine bindende Entscheidung gibt, so wahr ist es auch, wie ich zu zeigen versucht habe, dass es unbedingte Willens-, Entscheidungs- und Handlungsfreiheit nicht gibt. Der Begriff der Bedingtheit ist dem der Freiheit vorgeordnet. Da das Ich jedoch *Urheber* des Willens und der Entscheidungen ist, bleibt die Freiheit des Handelns trotz der Bedingtheit bestehen. Ein Handeln ist selbstbestimmt und sinnhaft, wenn ich mich als dessen Urheber empfinde *und* es mit meinem Selbst im Einklang steht. Einschränkungen der Handlungsfreiheit haben oft weniger mit der Freiheit oder Unfreiheit des Willens zu tun als mit Ausprägungen der Persönlichkeit, also mit Wissen, Mut, Charakter und Verantwortung.

Das Handeln ist, wie wir alle wissen, nicht nur vom inneren Sein bedingt, sondern auch von äußeren Bedingungen. Das Handeln wird von Regeln und Gesetzen der Gemeinschaft begrenzt. Jemanden verantwortlich machen, heißt, ihm die Erwartung entgegenbringen, sich an die Regeln (Gesetze) zu halten. Jemand, der das Nichteinhalten von Regeln sanktioniert und mich verantwortlich macht, muss dafür legitimiert sein, diese Gesetze durchzusetzen (Judikative). Ebenso müssen die Gesetze legitimiert sein, etwa durch die demokratische Wahl (Demokratie) von Abgeordneten (Legislative), die diese Gesetze erlassen.

Das wirft unmittelbar die Frage nach der Legitimation und Moralität von Gesetzen auf, die Freiheit begrenzen und sie gleichzeitig ermöglichen. So lässt etwa Schiller Wilhelm Tell sagen: *Jetzt seid ihr frei, ihr seid's durch dies*

Gesetz. In der liberalen Demokratie werden Regeln des Zusammenlebens, die Ethik und Moral einer Gesellschaft immer wieder neu diskursiv ausgehandelt. Gesetze, das Recht, wie auch das, was als gerecht (und ungerecht) empfunden wird, sind ständigem Wandel unterworfen. Goethe hat im Faust diese Veränderungsnotwendigkeit von Gesetzen aufgrund gesellschaftlichen Wandels so ausgedrückt:

Es erben sich Gesetz und Rechte
Wie eine ewge Krankheit fort,
Sie schleppen vom Geschlecht sich zum Geschlechte
Und rücken sacht von Ort zu Ort.
Vernunft wird Unsinn, Wohltat Plage.

Daraus ergibt sich die Frage, was vernünftiges Handeln in der jeweiligen Gesellschaft ist. Wie soll ich handeln, wie darf ich handeln? Inwieweit ist das, was ich tu, anderen Menschen gegenüber moralisch gerechtfertigt. All diese Fragen berühren das Verständnis von liberaler Demokratie und das Verhalten jedes einzelnen in der Demokratie. Demokratie ist kein Zustand, den man einfordern kann, sondern eine Lebensform, die Einsicht in die Notwendigkeiten und gleichzeitig Mut zum Gebrauch der Vernunft, zur autonomen Willensentscheidung und demokratischem Handeln abverlangt.

3 Der Sinn des Lebens

Der Mensch ist den Impulsen aus dem Innenbereich des Lebens nicht willenlos unterworfen. Er ist fähig, sie dem Bewusstsein zuzuführen, wo sie dem Denken zur Verfügung gestellt und verarbeitet werden. Er kann Sex haben, ohne sich vermehren zu wollen, er kann den Überlebenstrieb ignorieren und sich in Gefahr bringen oder sich gar selbst töten. Der Mensch ist darüber hinaus in der Lage, die Reaktion auf das, was von innen kommt, zu regulieren und zu entscheiden, was in die Außenwelt getragen werden soll oder was nicht. Wir wissen, dass das nicht immer gelingt, wenn man zum Beispiel an die manchmal unbeherrschbaren Gefühlsstürme der Liebe, aber auch an einen erdrückenden, übergroßen Schmerz oder an eine akute, lebensgefährliche Bedrohung denkt. Jedoch ist die grundsätzliche Fähigkeit zur Regulierung vorhanden.

Und der Mensch ist auch fähig, die Außenwelt bewusst an seinem ‚Innenleben' teilhaben zu lassen. Er kann steuern, was er anderen preisgeben will und was nicht. Neben Mimik und Gestik hat der Mensch mit der Sprache ein enorm differenziertes und feinfühliges Instrument zur Verfügung, mit dem er mit seiner Umwelt kommuniziert, das heißt ins Gespräch kommt. Mit der Sprache kommt der Mensch aber nicht nur mit anderen, sondern auch mit sich selbst ins Gespräch und kann so wiederum auf seinen inneren Gefühlshaushalt einwirken.

Befriedigendes Leben ist dadurch ausgezeichnet, dass der Mensch bewusst anderen die Gefühle, die er empfindet, und die Gedanken, die er hat, äußern kann, und die anderen

Menschen von diesen Gefühlen und Gedanken angesteckt werden und sie miterleben können. Ohne diesen Austausch würde der Mensch verkümmern. Er braucht einen Resonanzraum, in dem er sich mit den anderen verbunden sieht, wo sich das Erleben und Empfinden im Innenleben wie auch in der Kooperation mit anderen entfalten und im Bewusstsein und im autobiografischen Gedächtnis verankern kann.

Der Mensch ist nicht nur Natur-, sondern im wesentlichen Geistwesen, nämlich denkendes Wesen. Leben ist das, was uns zu denken gibt, wobei sich das zu Denkende aus Bewusstsein und Erfahrung herleitet. Erfahrung im Sinne von Potenz zum Handeln, als Fähigkeit, sein Leben nach eigenem Vermögen tatkräftig zu gestalten, um Wohlbefinden zu erreichen. Die Zeiten ändern sich und damit auch der Gehalt, das Empfinden von dem, was Leben ist. Die einzige Gewissheit, die ich habe, ist das Wissen, dass ich bin (scio sum). Leben ist nichts außer mir Seiendes, sondern steht in Wechselwirkung zwischen dem Bewusstsein des denkenden Subjekts und den anderen Menschen, denen wir begegnen. Leben wird auf diese Weise ständig neu gedacht, ins Gespräch gebracht und reflektiert. Die tätige Erfahrung, die in ein gemeinsames Bewusstsein von Welt und Weltverständnis mündet, das sich im Ich formt und gedacht wird, bildet die Grundvoraussetzung der menschlichen Interaktion, des Sich-verstehen-Könnens, der Empathie – und der Selbsterkenntnis. Bei jedem ist diese Welterfahrung anders, was einen Teil der Einzigartigkeit eines jeden Individuums ausmacht. Aber sie birgt in sich doch auch etwas Allgemeines, allen Menschen Zugängliches, das es ihnen ermöglicht zu interagieren, sich zu erkennen und ins Gespräch zu kommen.

Neuronale Forschungsergebnisse haben gezeigt, dass positives, kooperatives, menschliches Verhalten Lust- und Belohnungssysteme aktiviert und so zum Wohlbefinden beiträgt[3]. Die Neurobiologie der Gefühle und Emotionen lässt, so der Neurobiologe Antonio Damasio, keinen Zweifel daran, dass die Freude und ihre Spielarten der Traurigkeit und verwandten Affekten vorzuziehen sind und sich für Gesundheit und kreatives Entfalten unseres Wesens als zuträglicher erweist.

Daraus lässt sich die These ableiten, dass positive Gefühle und Emotionen, die sich uns in einem Empfinden von Freude, von Wohlgefühl, von Gesundheit, von Harmonie und Gleichgewicht, von Erhabenheit und Glück zeigen, der Kern dessen sind, nach dem jeder Organismus strebt, unabhängig davon, wie sie sich in einer konkreten Situation auch äußern mögen. Sind der Erhalt und die Reproduktion des Lebens der organische, der naturgegebene primäre Trieb alles Lebendigen, so sind die im Organismus ablaufenden Vorgänge, die diese positiven Empfindungen hervorrufen und die Lebensfähigkeit des Organismus stützen, die sekundären Triebfedern des Lebens. Die Natur hat keinen Plan zur Förderung des menschlichen Wohlbefindens, doch der Mensch ist in der Lage, solch einen Plan zu ersinnen und die Voraussetzungen für Wohlbefinden und gelingendes Leben zu schaffen.

Die Mindestforderung für solch ein *gelingendes Leben* und *Wohlbefinden* ist der Erhalt und die fürsorgliche Be-

---

[3] Vgl. hierzu auch das Kapitel: Was ist der Mensch?

handlung des Lebens selbst. Der Sinn eines Lebens bezieht sich aus dieser Perspektive auf ein letztes Ziel, auf ein Bedürfnis, auf einen Wert, dem der Mensch alles zuzuordnen vermag. Etwas, das ihm als objektiver und absoluter Maßstab dienen, nach dem er alles beurteilen kann.

Diesen Wert, der dem Menschen zugleich als Maßstab dient, vermag er nur in sich selbst finden. Der gleichsam axiomatische, substanzielle Wert, der den Gefühlen der Menschen Gestalt zu geben in der Lage ist, muss eng und unmittelbar mit seiner inneren Natur verbunden und zugleich ein Vermittler innerer Wünsche und Gefühlsregungen und inneren Seins zur Außenwelt sein.

In der Natur unseres Seins selbst ist das angelegt, was dem gelingenden, guten Leben Sinn und Wert gibt. Unsere Vorstellung von einem guten Leben ist aus evolutionärer Perspektive darauf zurückzuführen, dass ein Organismus *mehr* als nur einen neutralen Lebenszustand zu erreichen versucht. Diese in jeglichem lebendigen Organismus angelegte Entelechie ist auch dem Menschen eigen. Der Mensch hat keine von außen gegebenen Zielbestimmungen. Das, was er ist, ist er aus sich, aus seiner biologischen und geistigen Existenz heraus.

Als Ur-Sinn menschlichen Lebens ergibt sich daraus, die Homöodynamik (Spinoza) oder Homöostase (Damasio) des Lebens aufrechtzuerhalten – die mit einer Empfindung des Wohlergehens ‚belohnt' wird – und auf diesem Fundament seine Existenz zu gestalten. Der Mensch macht sich auf der Basis seiner Natur-Existenz selbst zu dem, was er sein will, indem er die inneren Ziele, die sich aus seiner Welt-Existenz, seinem Sein in der Welt, ergeben, verwirklicht.

Die physiologische Natur des Menschen ist die eine Quelle von Sinnhaftigkeit, die sich aus den Regelungen des Lebens selbst ableitet. Eine zweite generiert sich aus der Besonderheit des Menschen als einer empfindenden, (selbst-)bewussten, handlungs- und urteilsfähigen Persönlichkeit. Eine dritte Bestimmung des Begriffs ergibt sich aus der Existenz des Menschen als Sozial- und Geistwesen.

Sinn speist sich zusammenfassend also aus drei emergenten Seinsebenen der menschlichen Existenz, die sich ergänzen und wechselseitig beeinflussen. Das ist zum einen die menschliche Natur, der triebhafte Wesensteil, zum anderen die Person, der ästhetische, vernunftbezogene Wesensteil, und schließlich der Geist, der moralisch-ethische Wesensteil des Menschen. Eine inhaltliche Bestimmung des Lebenssinns und des Gefühls eines gelingenden Lebens muss die Bedürfnisse, Erwartungen und inneren Ziele des Menschen wie auch deren emotionalen Entsprechungen auf allen drei Ebenen berücksichtigen.

Grundlegende Quelle für Sinnerfüllung und die Empfindung *gut zu leben*, ist die Erhaltung und Pflege der Körperfunktionen des Menschen, die dem intrinsischen Ziel der Art-Erhaltung dienen. Hierzu gehören basale Bedürfnisse wie Versorgung mit ausreichender und gesunder Nahrung und Wasser (keine körperliche Not und Pein erleiden), Schutz vor schädlichen Umwelteinflüssen (Kälte, Hitze, Regen usw.), Abwehr von Krankheiten und Gewährleistung körperlicher Unversehrtheit (bewacht sein, beschützt und geschützt sein, gesund sein), sexuelle Bedürfnisse (sexuelle Anerkennung bekommen, seine sexuelle Orientierung leben können, sexuelle Befriedigung)

Alle genannten Zielbestimmungen und Bedürfnisse sind eng mit körperlichen Funktionsbereichen verbunden und grundlegend für das Empfinden von gutem und würdigem Leben. Sie sind ein *essenzieller Teil der Grundrechte eines jeden Menschen.* Ein Staat und eine Gesellschaft, die sich der Menschenwürde und einem humanistischen Menschenbild verpflichtet fühlen, kommen nicht daran vorbei, Bedingungen zu schaffen, die dem Menschen zumindest die Befriedigung dieser Grundbedürfnisse ermöglichen: Recht auf ausreichende Nahrung, Versorgung mit gesundem Wasser und Luft, Gesundheitsversorgung und -vorsorge sowie menschenwürdiges Wohnen.

Das Genannte ist lediglich eine notwendige Grundbedingung, um gutes Leben zu ermöglichen, aber noch keine hinreichende. Um ein Leben als sinnvoll und gut empfinden zu können, um innere Ruhe, Ausgeglichenheit und Harmonie spüren zu können, braucht der Mensch über die Befriedigung der lebenserhaltenden Grundbedürfnisse hinaus einen Freiraum, in dem er seinem Willen und Handeln selbstbestimmt Ausdruck verleihen und seinen inneren Wesenskern zur Entfaltung bringen kann.

Wenn man einen nüchternen Blick auf unsere Erde wirft, wird jeder schnell erkennen, dass viele Menschen auf der Ebene des Existenzminimums leben müssen. Leben bedeutet für diese Menschen nicht mehr und nicht weniger als ihr Leben erhalten, ihr Überleben sichern zu können. Sie existieren – den Naturgesetzen folgend – unter der Notwendigkeit, ihre körperlichen Funktionen erhalten zu müssen. Sie tragen in sich die Idee des Menschseins, ohne sie verwirklichen zu können.

Der Mensch ist aber mehr als lebendige Materie (Leben im Allgemeinen). Er besitzt (Selbst-) Bewusstsein, Verstand und einen aus dem gesellschaftlichen Zusammenleben sich entwickelnden Geist, der sich selbst als Geist zu erkennen vermag. Der Mensch als Geistwesen weist über seine bloße Existenz auf den Menschen im Besonderen hinaus und öffnet den Blick auf das Wesen des Menschen als eine sich selbst erkennenden Geist, als ein sich selbst sinngebendes, geistiges Wesen, ausgestattet mit Vernunft, Denk- und Urteilsvermögen und Persönlichkeit.

Daraus ergibt sich die zweite Quelle sinnvollen Lebens, die auf der Ebene der Person mit einem Bewusstsein seiner Selbst und der damit verbundenen Selbstverantwortung des Handelns angesiedelt ist. Der selbstbewusste Mensch, der sich im Spiegel eines anderen Bewusstseins entwickelt und sich zu diesem abgrenzt, ist Urheber seines Sinns und Lebenszwecks. Er ist Gestalter seiner selbst, eines Selbst, das sich selbst Zweck ist.

Die Frage nach Sinn oder Unsinn des Lebens kann nur subjektiv beantwortet werden – aus der Perspektive desjenigen, der seiner eigenen Existenz Bedeutung zuschreibt. Einen von außen gegebenem Sinn *an sich* zu erhoffen, also anzunehmen, dass es einen möglichen Sinn des Lebens gibt, den wir nur nicht erkennen können, ergibt aus der Natur unseres Seins heraus keinen Sinn. Sinn ist substanziell mit unserem Selbstsein, unserem Selbstbewusstsein und unserem Geist verknüpft.

Auch die Absurdität des Todes (Camus) erlaubt es uns nicht, die Sinnfrage zu delegieren und uns außerirdischen Sinngebern anzuvertrauen. Daraus folgert Camus: Das Absurde [des Todes] resultiert nicht deswegen, dass es keinen über den Tod hinausgehenden Sinn gibt, sondern vielmehr aus der irrigen Denkannahme, dass es einen solchen über den (kollektiven) Tod hinausweisenden Sinn des Lebens geben könnte oder gar müsste. Denn der Sinn des Lebens ist an das Leben selbst gebunden, weshalb das Ende der Sinnlichkeit notwendigerweise auch mit dem Ende des Sinns einhergeht.

Alles, was sich im Sein des Menschen abspielt, ist an das Leben gebunden. Der Mensch ist dazu verdammt, sein Leben in Freiheit zu gestalten (Sartre), sich seine Ziele selbst zu setzen und den Sinn seines Lebens selbst zu bestimmen, Sinn *für sich* zu suchen und zu realisieren. Gelingt ihm das und erreicht er die aus freiem Willen[4] selbst gesteckten Ziele, trägt das zur eigenen Befriedigung bei und löst positive Emotionen aus. Diese so erzeugten Empfindungen, etwas aus freien Stücken körperlich oder geistig geleistet zu haben, drücken sich aus in der Erfahrung eines gelingenden Lebens, eines ausgefüllten Lebens, das in Emotionen wie Wohlbehagen, Seelenfrieden oder Zufriedenheit mit sich selbst, einer Erfahrung der in sich selbst ruhenden Einheit, münden kann. Manchmal auch in einem Glückserleben. Glücksgefühle sind eine Begleiterscheinung sinnvoller Lebensgestaltung, wobei wir ohne Glück leben können, aber nicht ohne Sinn.

Sinnlos erscheint ein Leben immer dann, wenn der Mensch kein Bewusstsein von sich selbst hat oder nicht mehr Herr seiner Selbst ist (z. B. bei fortgeschrittener Alzheimerkrankheit). Aber sinnlos kann es auch werden, wenn

---

[4] Vgl hierzu in diesem Buch das Kapitel: Die Freiheit des Willens.

es einem Individuum nicht gelingt, seinem Leben Bedeutung und Inhalt zu geben. Es ist dann dazu verurteilt, ziellos und ruhelos durch das Leben zu ziehen. Die Erkenntnis, ein sinnloses Leben zu führen, wird wohl von den allermeisten Menschen als Tragödie empfunden und kann zu schweren psychischen Krankheiten führen, begleitet von Gefühlen der Leere, der Verlorenheit, von permanenter innerer Unruhe, bis hin zu depressiven Gefühlslagen oder schweren Depressionen.

Leben ohne Sinn lässt Leidenschaft und Hoffnung gleichermaßen verkümmern, aber wir brauchen Beides. Ohne Hoffnung zu handeln oder zu leben, so Karl Popper, übersteigt unsere Kraft. Aber wir brauchen nicht mehr, und man darf nicht mehr versprechen. Wir brauchen keine Gewissheit.

Das Erreichen des Ziels hängt also zum einen eng mit dem Begriff Hoffnung zusammen, das heißt dem Glauben an die *Möglichkeit,* ein gutes Leben realisieren zu können, dem Glauben an die Zukunft und an sich selbst. Gerade in der heutigen Zeit, wo dem demokratischen Versprechen auf ein gutes Leben oft nicht mehr vertraut wird und Teile der Gesellschaft zunehmend rechtsradikal reagieren, ist dieZurückgewinnung von Zuversicht und Vertrauen ausschlaggebend für die liberale Demokratie.

Zum anderen wird das Ziel getragen von der *Leidenschaft* für das eigene Leben und selbstgesetzte Lebensziele. Als sinnvoll empfindet man ein Tun immer dann, wenn wichtige innengeleitete Ziele oder Werte erreicht werden oder sich erfüllen. Dies ist im Kern das, was unter Selbstverwirklichung zu verstehen ist und bedeutet im Umkehrschluss: Je mehr Selbstverwirklichungsanteile ein Leben hat, desto sinnvoller erscheint es uns. Die Möglichkeiten der Selbstverwirklichung umfassen *materielle Seinsebenen*, wie zum Beispiel Erfolg, ausreichend Ressourcen zu Verfügung zu haben, die ein Leben über die Grundbedürfnisse hinaus ermöglichen, Sicherheit oder Angstfreiheit, und *geistig-ästhetische Seinsebenen*, wie zum Beispiel Wissen, Bildung, Fähigkeit und Möglichkeit, seine Neugier zu befriedigen, geistige Anregungen bekommen, Erhabenheit und Schönheit erfahren zu können.

Tatsachen als solche sind per se sinnlos, Sinn bekommen sie nur durch unsere Urteile, Entscheidungen und Bewertungen. Der Mensch als ein auf sich selbst blicken könnendes und empathisches Geisteswesen ist aufgefordert, Sinn zu kreieren und dabei von seiner Geistbegabung Gebrauch zu machen, die Welt zu erkunden und geistig zu durchdringen. Sinn im Leben zu finden, heißt nachdenken über das Wesen des Menschen und des eigenen Menschseins. Gut und schön ist ein Handeln, wenn es dem Zweck entspricht, der dem Menschen in seinem Wesen angelegt ist, im Sinne von: Werde, der du bist. Mein Wesen zu erkennen, gibt mir meine Identität und damit meinen Sinn. Im Wesen liegt ein Fundus der Möglichkeiten. Wenn sie sich konkretisieren, entwickelt sich die Wirklichkeit des individuellen Seins. Das, was der Mensch ist, ist er durch den Gebrauch seines Geistes. Er befähigt zur Verantwortung für das Tun, zur Bildung, zu sittlichem Handeln, er bringt Kultur hervor und verleiht dem Menschen Würde, die in der Selbstzweckhaftigkeit des Menschseins begründet ist.

Der ‚Geistmensch' ist aufgefordert die Wahrheit ins Licht zu stellen, sich kritisch mit den Mächten auseinanderzusetzen, die Menschen ein gutes Leben verwehren und vernünftige Wege von der Unmündigkeit zur Mündigkeit und Freiheit versperren. Ohne Gedankenarbeit, ohne den Gebrauch des Geistes ist Sinnerfüllung im Leben nicht möglich sei. Gutes oder erfülltes Leben, das eng mit der Vorstellung eines tätigen, sozial erfüllten, aktiven Lebens, gepaart mit Verantwortung und Stolz auf die eigene erbrachte Leistung verknüpft ist, bedeutet auf dieser personalen Seinsebene, ein Leben aus sich selbst heraus führen zu können. Verbunden damit ist die Aufforderung, herauszufinden, was dem eigenen Leben unter den gegebenen gesellschaftlichen Verhältnissen Sinn gibt und diesen Sinn für sich selbst zu verwirklichen.

Die dritte Quelle eines sinnerfüllten Lebens ist die Sozialität des Menschen. Um allein zu leben, muss man ein Tier oder ein Gott sein, ist der Philosoph Friedrich Nietzsche überzeugt. Wir wissen, dass der isolierte Mensch verkümmert, dass Isolation den Menschen krank macht und bis zum Tod führen kann. Aus der Natur unseres Seins heraus ist gutes Leben ohne Sozialität, ohne wechselseitigen geistig-sprachlichen Austausch nicht denkbar. Der Mensch ist nicht für sich allein in der Welt. Zwischen dem Bewusstsein eines Subjekts und den anderen Subjekten, denen wir begegnen, besteht eine Wechselwirkung, aus der sich in der Menschheitsgeschichte das bereits früher angesprochene Welt-Bewusstsein und das ethische und moralische Bewusstsein entwickelt haben.

Zunächst ist jedoch zu fragen, auf welchen körperlichen und physiologischen Fähigkeiten die Kommunikation zwischen den Individuen beruht, wie sie gelingen kann und wie daraus Gemeinschaft und Kultur möglich wird. Hier sind in erster Linie drei Faktoren zu nennen: Das Bewusstsein (Selbstbewusstsein oder Ich-Bewusstsein, biographisches und historisches Bewusstsein), die hochentwickelte Empathiefähigkeit des Menschen und schließlich die Sprache.

Mit dem Bewusstsein geht einher die Fähigkeit des ‚Innehalten-Könnens'. Der Mensch reagiert nicht auf jeden sensorischen Reiz instinktiv (wie das Tier), sondern kann ihn aufnehmen, ihn im Gehirn verarbeiten, darüber nachdenken, Urteile fällen und entscheiden. Im letzten Schritt richtet das Individuum sein Handeln danach, was es selbst für richtig hält und entschieden hat.

Dies hat unter anderem zwei wichtige Konsequenzen für das Bewusstsein: Der Mensch kann einerseits die auf ihn eindringenden Erfahrungen ordnen, im Spiegel seiner bisherigen Erfahrungen bewerten und in sein Wissen integrieren, oder aber auch die gemachte sensorische Erfahrung als irrelevant verwerfen. Auf diese Weise sammelt sich das für das Selbst relevante Welt-Wissen an, das dem individuellen biografischen Bewusstsein zur Verfügung steht. Er teilt dieses individuelle Wissen mit anderen, die ebenfalls ein individuelles Welt-Wissen haben. Das Wissensreservoir der kommunizierenden Individuen hat mehr oder weniger große Schnittstellen, ist aber niemals identisch, da jeder Mensch eine ganz eigene biografische und mikrokulturelle Entwicklung erlebt hat, die sein biografisches Bewusstsein geformt hat und mit jeder Interaktion, durch jeden neuen sensorischen Impuls und neuen Gedanken eine Änderung erfährt.

Andererseits wird der Mensch durch die Fähigkeit des Innehalten-Könnens in die Lage versetzt, Distanz zu sich selbst zu halten. Er kann sich selbst ‚von außen' betrachten, sein Handeln kontrollieren und mit der wahrgenommenen Intention des Handelns seines Gegenübers abstimmen. Dass er Intentionen des anderen erkennen und sich in Gefühlslagen eines anderen hineinempfinden kann, ist seiner Fähigkeit zur Empathie zu verdanken. Die Verarbeitungsschritte der Perspektivübernahme, also des Hineinversetzen-Könnens in andere, müssen erst erlernt werden, während die Prozesse der Gefühlsansteckung weitgehend angeboren sind.

Im öffentlichen und privaten Raum begegnet mein Bewusstsein einem anderen auf gedanklicher, geistiger Ebene. Ich nehme Gedanken auf, beurteile sie und erwidere dem Gegenüber, indem ich ihm meine Gedanken unter Berücksichtigung aller meiner Erfahrungen zu diesem Sachverhalt mitteile. Jeder Augenblick dieses Gesprächs verändert mein eigenes und das Bewusstsein des anderen. Gleichzeitig entwickeln wir zusammen ein Stück gemeinsames Bewusstsein, das Verstehen ermöglicht.

Weil der Mensch wesentlich Geistmensch ist, über Vernunft und Sprache verfügt und nur im Gespräch mit anderen eine eigene Identität, ein Selbst entwickeln kann, ist er zwangsläufig auf andere Menschen, die Gemeinschaft, angewiesen. Er kann nicht ohne sie existieren. In welcher Form und mit welcher Intention die Menschen miteinander kommunizieren, ist also von entscheidender Bedeutung für sinnhaftes Sein.

Die Bedingungen und emotionalen Implikationen einer gelungenen Kommunikation sind interaktives Handeln unter der Prämisse kommunikativer Vernunft, also im Geist gegenseitiger Anerkennung, akzeptiert, geachtet, respektiert zu werden, Vertrauen zu genießen (was vielerorts heute, auch bedingt durch die sozialen Medien, missachtet wird) und der Annahme der prinzipiellen Gleichheit der an der Interaktion Beteiligten. Gelungenes kommunikatives Handeln in der Gemeinschaft erfüllt wichtige Bedürfnisse nach menschlichem Kontakt, nach Teilhabe und Selbstwert und kann so die innere Balance stabilisieren und zu Emotionen der Geborgenheit und Sicherheit beitragen.

Kontakte der Menschen untereinander sind eine Existenzbedingung menschlichen Seins, nicht zuletzt auch durch die Fortpflanzungsidee, die in unseren Genen angelegt ist, und die sich heute in der Idee der Liebe äußert. Letzteres ist ein fundamentales Gefühl, ohne das sinnvolles Leben nur schwer vorstellbar ist. Liebe geben und empfangen, umsorgt sein, wertgeschätzt und respektiert werden, sich geborgen fühlen können, für jemanden da sein können, jemandem Schutz geben. Prosaisch ausgedrückt ist Voraussetzung dafür die gelingende Interaktion zweier oder mehrerer Individuen, die sich in Form von Liebe, Freundschaft, Bekanntschaft, Kollegialität und Solidarität gesellschaftlich äußert. Jeder weiß, wie es sich anfühlt, nicht ernst genommen, missachtet oder verletzt zu werden. Keine Wertschätzung zu erfahren, bloßgestellt zu werden, ungeliebt durch das Leben zu gehen, ungeschützt zu sein und in Angst leben zu müssen, stehen erfülltem Leben diametral entgegen.

Sinnvolles Leben und die Wege dorthin sind in der ganzen Bandbreite ihrer Erscheinungsformen nicht axiomatisch fassbar. Wer nach Sinn in seinem Leben fragt, hat nicht vor, einfach vor sich hinzuleben. Es soll mehr sein als das Überleben. Es soll mehr sein als der jeweilige Moment. Es geht über das Ich hinaus. Es ist der Versuch, sich in die Ideen der Menschheit einzubinden.

Jeder einzelne Mensch muss eigene Schwerpunkte setzen und das eigene Leben individuell beurteilen und die Folgen seines Lebens für andere einschätzen. Abhängig ist dieses Urteil von dem gesellschaftlichen Erlebensraum (zum Beispiel liberale Demokratie, autokratischer Staat oder Diktatur), in dem die Menschen sich bewegen. Aus diesem Erlebensraum leiten sich die Kriterien und Bewertungsmaßstäbe ab, an denen der Einzelne sinnvolles Leben bemessen kann, sowie auch die individuellen Möglichkeiten, seinem Leben Sinn geben zu können.

II Was soll ich tun?

4 Gesellschaft und Emanzipation

Kritische Theorie: Türöffner für eine bessere Praxis

In der 'Negativen Dialektik' schreibt Adorno: „*Das Übel ist nicht, dass freie Menschen radikal böse handeln, ... sondern, daß noch keine Welt ist, in der sie, wie bei Brecht aufblitzt, nicht mehr böse sein brauchen.*“[5] Daraus kann man die Forderung herauslesen, die gesellschaftlichen Verhältnisse so zu verändern, dass man nicht mehr böse sein braucht. Ende der 60er Jahre des letzten Jahrhunderts haben viele seiner Studenten das dann auch versucht. Als theoretischer Hintergrund diente ihnen die ‚Kritische Theorie‘, die sich in Frankfurt als ‚Frankfurter Schule‘ am Institut für Sozialforschung etabliert und weltweit Anerkennung gefunden hat. Im Mittelpunkt der kritischen Betrachtung der Gesellschaft steht der emanzipative Gedanke der Aufklärung, die Untersuchung der Herrschaftsstruktur und die Frage des Handlungspotenzials (was soll ich tun) im Sinne einer emanzipativen Veränderbarkeit der Gesellschaft. Die Denkansätze der Kritischen Theorie verbreiteten sich von der Universität auf die Straßen und Plätze und fanden schließlich auch Eingang in viele Institutionen der Gesellschaft (langer Marsch durch die Institutionen) und politische Strukturen (Willy Brandt: Demokratie wagen).

---

[5] Theodor W. Adorno, Negativen Dialektik, Raub Verlag, S. 216.

Das Geschehen dieser Zeit, das von den einen als Revolution, von anderen als Revolte oder nur als ein Aufbegehren der Jugend gegen den überlebten Geist der Altvorderen, der Generation also, die vom Faschismus geprägt war, angesehen wurde, hatte eine tiefgreifende Änderung der Perspektive, der politischen Kultur, des Demokratieverständnisses für die 70er bis in die 90er Jahre des letzten Jahrhunderts zur Folge. Die Wirkungen der 68er Zeit liegen dabei mehr in den ‚Soft-Skills' als in den ‚harten' Fakten, die sich in gesellschaftlichen Strukturen manifestieren. Oder wie Alexander Kluge, der sich selbst als ‚Poet der Kritischen Theorie' bezeichnete, in einem UniReport-Interview der Universität Frankfurt sagte: Diese Theorie ist ein Haltung. Sie hat bewirkt, dass sich die Haltung der Menschen geändert hat, die Haltung der Menschen gegenüber sich selbst, gegenüber anderen Menschen und der Gesellschaft und gegenüber der Welt insgesamt.

Um die Bedeutung der 1968er Zeit und das Wirken dieser Zeit für die nachfolgenden Jahre und Jahrzehnte bis heute zu verstehen, ist es sinnvoll, sich zu vergegenwärtigen, durch was die deutsche Wirklichkeit bis dahin geprägt war.

Das Totschweigen der Nazi-Vergangenheit war eine der Verdrängungsebenen, die die Nachkriegsjahre in den Vierziger-, den Fünfziger- und Sechzigerjahren des letzten Jahrhunderts prägte. Erst durch den ‚Eichmann-Prozess', der vom 11. April bis 15. Dezember 1961 in Jerusalem stattfand, wie auch durch die drei Prozesse gegen Mitglieder der Lagermannschaft des nationalsozialistischen Vernichtungslagers Auschwitz vor dem Schwurgericht in Frankfurt am Main in den Jahren 1963–65 (1. Auschwitzprozess), 1965/66 (2. Auschwitzprozess) und 1967/68 (3. Auschwitzprozess) wurde der Kriegsgeneration das Verdrängen der eigenen Nazi-Vergangenheit in den 60er Jahren schwer gemacht.

Auf dem Hintergrund der ökonomischen Erfolgsgeschichte der Bundesrepublik und der damit einhergehenden konsumtiven Sinnenräusche kamen in dieser Zeit noch zwei weitere charakteristische Verhaltensebenen hinzu: Erstens: die Verdrängung der Dimension des Politischen aus dem privaten Leben. Zweitens: der ordnungsorientierte Konservativismus und parallel dazu die Repression von Sexualität und Lebenslust in der Öffentlichkeit. Sex war eingezwängt in die Moralvorstellungen und Gesetzestexte aus dem 19. Jahrhundert. Das sexuelle Leben und die Sinnenfreuden gründeten noch auf den morsch gewordenen Kodizes des Vorkriegsbürgertums: männerdominiert, bieder, prüde, verlogen, strengen Normen unterworfen.

Politik galt allgemein als ein Tätigkeitsfeld, bei dem man sich leicht schmutzige Finger machen konnte, und aus der man sich am besten so weit als möglich heraushalten sollte. Politik wurde natürlich trotzdem gemacht. Von Adenauer und seiner rechten Hand, dem braunen Staatssekretär Globke, seines Zeichens ehemaliger Kommentator der Nürnberger Rassengesetze beim Innenministerium Hitlers zum Beispiel. Oder auch von dem im März 1961 frisch gewählten Vorsitzenden Franz-Josef Strauß. Die Dimension des Politischen verengte sich in diesem Jahrzehnt auf wirtschaftlichen Erfolg und den militärischen Komplex (Aufrüstung, Kalter Krieg) und die Restauration vergangener Werte und Ordnungen. Das Weltbild war schwarzweiß, egoistisch und national gefärbt.

Die Elterngeneration der damaligen Jugend verschloss sich noch erfolgreich den Skandalen dieses Jahrzehnts der 1960er Jahre:

* Unterdrückung der gesellschaftlichen und sexuellen Selbstbestimmung der Frauen, trotz derer Nachkriegsleistungen und des schleichenden Verlustes der Autorität der Väter (den Alexander Mitscherlich 1963 in seinem Buch *Auf dem Weg zur vaterlosen Gesellschaft* aufarbeitete);

* Verdrängung der Verantwortung für den Holocaust; Verharmlosung der Aktivitäten der alten und neuen Nazis in Deutschland;

* Ausplünderung der Dritten Welt. In den 60er Jahren wurden viele Kolonien in Afrika selbständig und rückten diese Problematik in den Fokus der Aufmerksamkeit;

* Unterstützung diktatorischer Regime in Brasilien (Branco, 1964), Indonesien (Suharto, 1965), Griechenland (Militärdiktatur, 1967);

* Hochrüstung und Militarisierung im Schatten des kalten Krieges und des Konfliktes in Vietnam;

* Unfähigkeit der Gesellschaft und der Politik, sich Neuem zu öffnen, es aufzunehmen und zu verarbeiten;

* das Niederhalten des studentischen Engagements.

1966 wurde Kurt Georg Kiesinger, ein ehemaliger Nazi, Bundeskanzler einer sozial-liberalen Koalition. Willy Brand, der im Widerstand war, wurde Außenminister. Eine interessante, nicht widerspruchsfreie Konstellation, die etwas an die innere Unverträglichkeit der Ampel-Dreierkoalition im Jahr 2024 erinnert. Die unverbrüchliche Front der Adenauer-Ära – mit den Schlagworten „keine Experimente“ und “Freiheit statt Sozialismus“ – begann mit Brandt zu bröckeln, aber auch der Wirtschaftswundermotor kam in dieser Zeit erstmals ins Stottern.

Die Welt, in der die Jugend damals lebte, war jedoch nicht bereit oder noch nicht in der Lage, den Schutt der Vergangenheit beiseitezuräumen. Ohne deren Beseitigung aber blieb der Blick für einen Neuanfang und für tragfähige Zukunftsperspektiven versperrt. Es lag quasi in der politischen Luft, dass es so nicht ewig weitergehen konnte.

Die Ungerechtigkeit der Welt lag gewissermaßen auf der Hand und viele wollten diese Zustände nicht länger akzeptieren. Die Kritik an der bestehenden Gesellschaft wurde lauter und radikalisierte sich. Als eines der theoretischen Konzepte, das die Kritik an dem Bestehenden, an der sozialen und politischen Wirklichkeit in den Mittelpunkt seines Interesses gestellt hatte, galt die Kritische Theorie. Sie traf mit den Schriften ihrer Protagonisten Horkheimer, Adorno, Habermas, Marcuse den Nerv der Zeit.

Was waren nun die Eckpfeiler dieser Theorie, die so große Resonanz fand, und was hat sie uns heute noch zu sagen. Zum einen war der Ausgangspunkt der Kritischen Theorie, die gesellschaftlichen Verhältnisse nicht als gegeben hinzunehmen und sie einer radikalen Kritik zu unterwerfen, die an den Lebensinteressen der Menschen und nicht an den Kapitalinteressen orientiert ist. Theorie im Sinne der Kritischen Theorie ist immer von Lebensinteressen gespeist, so Alexander Kluge in seiner Frankfurter Poetik-Vorlesung. Zum anderen war es der allgemeine Gegenstand der Kritischen Theorie selbst, nämlich die Reflektion und kritische Analyse der bürgerlich-kapitalistischen Gesellschaft, die Aufdeckung ihrer Herrschafts- und Unterdrückungsmechanismen und die Entlarvung ihrer Ideologien, mit dem Ziel einer vernünftigen Gesellschaft mündiger Menschen.

Die Dialektik der Aufklärung und die kritische Theorie der Gesellschaft beinhalten eine radikale und fundamentale Kritik an der westlichen kapitalistischen Gesellschaft und an westlichem Denken, die auch heute noch bedenkenswert ist. Solange sich die sozialen Verhältnisse nicht drastisch ändern würden, können ‚Traditionelle Philosophie' und ‚positivistische Gesellschaftswissenschaft' nur eine begrenzte Rolle spielen und fördern den Rückfall der Aufklärung in Mythologie. De facto behandelt die Frankfurter Schule jeden Versuch der positivistischen Fachwissenschaft, die auf der Basis der bestehenden gesellschaftlichen Fakten Wissenschaft betreibt, als Instrumentalisierung oder Affirmation des Bestehenden. Diese Wissenschaft tue so, als ob diese Fakten, in denen sich das Unrecht gesellschaftlicher Herrschaft verberge, naturgegebene Tatsachen seien, aber sie sind von Menschen gemacht. Dieses Unrecht kann deswegen nur entschlüsselt werden, wenn man die gesellschaftliche Konstitution der sozialen Tatbestände kritisch reflektiert. Und das heißt unter den gegebenen Umständen: entschiedene Negation des Bestehenden. *Negation und nicht die verfrühte Suche nach Lösungen ist das wahre Refugium der Wahrheit,* so Martin Jay.[6]

Aber nicht nur Kritik und Negation der bestehenden gesellschaftlichen Verhältnisse, sondern auch die allgemeinen inhaltlichen Schwerpunktthemen, mit denen sich die *Kritische Theorie* beschäftigte, nämlich Ökonomie, die

[6] Martin Jay, Dialektische Phantasie, S. 308.

Entwicklung des Individuums und die Kultur, kamen den Bedürfnissen der Jugend der damaligen Zeit entgegen. Alle drei Themenbereiche trafen den Geist der rebellischen Zeit und koinzidierten mit den Themen, mit denen sich die Studierenden, zumindest die Studierenden der Geisteswissenschaften, ohnehin beschäftigen. Wissenschaftler hatten später errechnet, dass sich etwa fünf Prozent der studentischen Jugend aktiv an den Protestbewegungen beteiligten. Das ist ein sehr hoher Wert. Erst mit der ‚Fridays for Future' Bewegung' im Dezember 2018 entwickelte sich in den darauffolgenden Jahren wieder ein solcher Wert in Bezug auf die aktive Beteiligung der Jugend bei Protesten.

Steigt man etwas detaillierter in die Problemfelder der Kritischen Theorie ein, so ergeben sich weitere weitreichende Übereinstimmungen zwischen ihr und den damals auf den Nägeln brennenden Konfliktfeldern, was zu einem erheblichen Teil die damalige Attraktivität der Frankfurter Schule erklären dürfte, und auch heute noch hohe Aktualität besitzt.

Die wichtigsten Problemfelder, die die 68er Bewegung wie auch die Kritische Theorie beschäftigte, sollen im Folgenden stichwortartig aufgefächert werden. Sie können nicht mehr als einen groben Überblick über die inhaltliche Ausrichtung der 68er-Bewegung geben, sie zeigen aber doch auch die große Bandbreite der Auseinandersetzungen an, die die Gesellschaft damals prägten. In erster Linie ist hier zu nennen:

- Der autoritäre Staat, die autoritäre Persönlichkeit, Reflexion über Autorität überhaupt, Stichwort: antiautoritäre Bewegung.
- Antisemitismus, Faschismus.

- Kapitalismuskritik, Stamokap (Staatsmonopolistischer Kapitalismus), Bedeutung der Arbeit, die Auseinandersetzung mit dem Marxismus
- Herrschaft, Herrschaftsstrukturen, strukturelle Gewalt.
- Ausbeutung, Imperialismus, Dritte Welt, militärisch-industrieller Komplex.
- Massenkultur, Konsumterror, Kulturindustrie.
- Trennung Subjekt – Objekt, Verdinglichung („*jede Verdinglichung ist Vergessen*"), Tauschbeziehungen, instrumentelle Vernunft.
- Bildung, insbesondere frühkindliche Sozialisation. Wichtigkeit der Entwicklung einer selbstbewussten Persönlichkeit, die Autoritäten zu widerstehen vermag. Stärkung der Person gegenüber einer repressiven Egalität des Totalitarismus. Mehrdimensionalität des Menschen (Stichwort: Das Buch von Herbert Marcuse: Der Eindimensionale Mensch),
- Emanzipation, Frauenbewegung, Emanzipation der Frau („*mein Bauch gehört mir*").
- Repression, Triebunterdrückung, Asketismus versus sexuelle Befreiung, lustvolles Leben, Anerkennung der Homosexualität, Skepsis gegenüber den traditionellen Institutionen wie Familie, Ehe.
- Diskussions- und Diskurskultur. Distanz gegenüber der Anziehungskraft, welche die herrschende Realität ausübt: nichts muss so hingenommen werden, wie es erscheint, alles darf hinterfragt, muss begründet, reflektiert werden.

Schon diese kurze Aufzählung zeigt, dass viele dieser Themen auch heute noch hohe Relevanz besitzen und in Anbetracht der rechtsradikalen Umtriebe der AfD und anderer Populisten keineswegs gelöst sind. All dies wurde damals heftig und ausdauernd diskutiert. Aber diese Diskussionen blieben nicht im akademischen Raum, sondern wurden in den politischen Raum hineingetragen. Man wollte nicht nur reflektieren und analysieren, sondern die gesellschaftlichen Verhältnisse ändern.

In Frankfurt entlud sich die Praxis im Häuserkampf im Westend, gegen Wohnraumspekulation und Wohnraumvernichtung; in der Solidarität mit der Arbeitswelt, indem viele junge Männer und Frauen in Fabriken gegangen sind; in Demonstrationen gegen die Ausbeutung der Dritten Welt und den Vietnamkrieg und auch in Demonstrationen für mehr Chancengleichheit durch Bildung und für ein neues Hessisches Hochschulgesetz mit paritätischer Mitbestimmung, das von dem Hessischen Kultusminister Ludwig von Friedeburg Anfang der 70er Jahre verantwortet wurde.[7] Gilt heute die Mitbestimmung der studentischen Vertreter als relativ normal, war die Forderung nach paritätischer Mitbestimmung der Studenten (Drittelparität zwischen Studenten, Mittelbau und Lehrstuhlinhabern) damals äußerst explosiv.

Die Zeit damals war geprägt von dem Gedanken, dass ein gerechtes System nur entstehen kann, wenn die Men-

[7] Bevor von Friedeburg, selbst ein Soziologe, Kultusminister wurde, war er am Institut für Sozialforschung tätig, er war also selbst ein Vertreter der Frankfurter Schule.

schen ihre Geschicke selbst in die Hand nehmen. Diese Einstellung war für Viele die einzig mögliche Handlungsalternative geworden. Der Staat konnte die Erwartungen nicht mehr erfüllen. Er hat sich zum Handlanger des kapitalistischen Systems entwickelt, wie das die damals hoch im Kurs stehende Theorie des staatsmonopolistischen Kapitalismus (Stamokap) formulierte.

Die Zeit hinterließ unauslöschliche Spuren in der Gesellschaft. Es war eine Zeit der Neuorientierung und eine Zeit des Umbruchs für diejenigen, die zu lange an der Ordnung von Gestern festgehalten hatten. Einer Ordnung, die für die Naziverbrechen mitverantwortlich war.

Im Nationalsozialismus überwog ein Klima der Angst, getragen von Menschen, die sich vor eigenen, individuellen Entscheidungen fürchteten und Verantwortung, vielleicht sogar ihr Gewissen, auf ein politisches System übertrugen und ihr menschliches Mitgefühl einbüßten.

In den 50er und 60er Jahren tendierten die Menschen dazu, individuelle Verantwortung abzuwälzen und an das politische System abzugeben, wie das die meisten auch während der Nazi-Herrschaft getan hatten. Die Menschen der Republik schwammen auf einer Schaumkrone des wirtschaftlichen Erfolgs und in einem Meer Gleichgesinnter, die sich nur durch den Grad der Pflichterfüllung unterschieden. Die Fußstapfen, die sie an ihren neuen Ufern hinterließen, versandeten, spurenlos und haltungslos. Sie wiesen denjenigen, die nicht einfach den Weg aus der gebrandmarkten Vergangenheit in die Zukunft extrapolieren wollten und konnten, keinen gangbaren Pfad in eine lebenswerte Zukunft.

Diese Haltung der Generation, die die Nachkriegszeit bis in die Sechzigerjahre geprägt hatte, galt es zu durchbrechen und persönliche Verantwortung zurückzugewinnen und in politische Macht umzumünzen, den Spielraum individueller Entscheidungsgewalt zu vergrößern, die Macht der Staatsautoritäten und des Staatsapparats einzudämmen. Es war der Versuch, Furchtlosigkeit vorzuleben, keine Angst vor dem Scheitern zu zeigen, die Existenzgrundlagen der Schwachen zu stärken und ein Gewissen, das Nein sagen und Widerstand leisten kann, zu entwickeln.

Was sind nun die langfristigen, heute noch wirkkräftigen Einflüsse dieser Zeit auf die heutige bundesrepublikanische Wirklichkeit?

Die Wirkungen liegen meines Erachtens überwiegend auf der geistigen und kulturellen Ebene, wie etwa in der Umwertung der Werte, in der Veränderung des normativen und des praktischen Verhaltens der Menschen in der Gesellschaft. Das heißt nicht, dass sie sich nicht auch in gesellschaftlichen Institutionen ausgewirkt hat, aber eben in weit schwächerem Maß.

Dass sich jedoch Forderungen und Inhalte der 68er Bewegung – und damit auch der Kritischen Theorie – nachhaltig auf die Bundesrepublik ausgewirkt haben, ist unabweisbar. Die Gesellschaft hat sich dadurch in den darauffolgenden Jahren spürbar geändert, hin zu einer stabilen, sozialen und liberalen Demokratie wie wir sie heute kennen – und nun wieder (wie schon 1968?) gegen rechtsradikale und populistische Bewegungen und radikalkapitalistische Strömungen verteidigen müssen.

Selbst die der 68er Bewegung gegenüber, vorsichtig ausgedrückt, zurückhaltend eingestellte konservative Frankfurter Allgemeine Zeitung schrieb in einem Artikel: Wenngleich die Kritische Theorie längst kein allgemein anerkanntes Weltinterpretationssystem mehr ist, ist ihr Einfluss auf die Wissenschaften, auf Gesellschaft und Politik nachhaltig.

Schon Anfang der 70er Jahre begann sich die 68er Bewegung, die nie ein monolithischer Block war, allmählich in verschiedene Richtungen zu bewegen. Die einen begannen den Marsch durch die Institutionen und Parteien, wie zum Beispiel Joschka Fischer, Dany Cohn-Bendit, Tommy Königs, die aus der Sponti-Bewegung kamen, oder Jürgen Trittin, der Mitglied beim Kommunistischen Bund in Göttingen war, die sich alle später bei den Grünen engagiert haben. Andere glaubten ernst machen zu müssen mit dem bewaffneten Widerstand gegen den Herrschaftsapparat und verirrten sich in den Terrorismus (RAF, Bewegung 2. Juni, so genannt nach dem Tod von Benno Ohnesorg am 2. 6. 1967), wieder andere verwirklichten ihre Ideen in ihren jeweiligen Berufen und sozialem Umfeld.

Im Oktober 1968 wurde die über 20-jährige Dominanz des Konservativismus beendet. Eine sozial-liberale Koalition unter Kanzler Willy Brand konnte sich, wie bereits erwähnt, etablieren und vielen, die der 68er Bewegung nahestanden, unter dem Schlagwort „mehr Demokratie wagen“ eine Heimat anbieten. Die Bildungsaufgabe des Staates, eine zentrale Forderung der 68er, wurde ernsthaft in Angriff genommen und die Universitäten und die Schulen wurden reformiert. In Hessen waren dies die Hessischen Rahmenrichtlinien, die 1972/73 unter anderem die Förderstufe und ein Gesamtschulkonzept ermöglichten. Insbesondere wurden die frühkindliche Erziehung und der Grundschulbereich gefördert, gemäß der Forderung der Frankfurter Schule nach einer umfassenden Persönlichkeitsbildung und nach Chancengleichheit für jeden Menschen, unabhängig von seiner Herkunft oder seinem Geschlecht. Wer die Grundschulen in den 60er Jahren mit den Grundschulen von heute vergleicht, wird feststellen, welche geradezu revolutionären Wandlungsprozesse sich dort vollzogen haben – die ohne den Einfluss der 68er Bewegung so mit Sicherheit nicht stattgefunden hätten.

Wie schon bei der Revolution von 1789 in Frankreich, wo die Frauen weitgehend links liegengelassen wurden und die Schriftstellerin und Frauenrechtlerin Olympe de Gouges am 3. November 1793 wegen Verbreitung ihrer politischen Schriften und illegalen Plakatierens auf der Guillotine landete[8], fiel es auch in der Revolte von 1968 den Frauen schwer, sich gegen die männerdominierten Debatten und Diskussionszirkel durchzusetzen und Anerkennung zu finden. Trotzdem, der Grundstein für das heutige Frauenbild, die Beziehungen zwischen Mann und Frau wie auch die Wahrnehmung von Sexualität in der Gesellschaft ist in der 68er Zeit gelegt worden. Es gelang der Frauenbewegung in jener Zeit ein Durchbruch, der bis heute wirkmächtig ist. Sie kämpften gegen den Abtreibungsparagrafen §218 („Mein Bauch gehört mir“) und erreichten damit eine breite Aufmerksamkeit. Sie setzten sich für die

---

[8] Vgl. dazu meinen historisch-biografischen Roman ‚Warum nicht die Wahrheit sagen. Olympe de Gouges. Femme galante und Kämpferin für die Rechte der Frau in der Französischen Revolution‘. BoD 2021.

Gleichstellung von Mann und Frau ein, für mehr sexuelle Freiheiten und die Freiheit der sexuellen Ausrichtung, die heute in großen Teilen verwirklicht ist.

Neben diesen skizzierten Wandlungsprozessen war die wichtigste gesellschaftliche Transformation die Öffnung der Gesellschaft, die grenzüberschreitendes Denken möglich machte und in eine emanzipativ-aufgeklärte Gesellschaftsentwicklung führen sollte. Das, was die 68er Generation im Kern vorgelebt hat, hat Eingang in die Gesellschaft gefunden. Hier ist in erster Linie zu nennen:

- das, was ist, zu reflektieren und die gesellschaftlichen Verhältnisse nicht einfach als Gegebenes hinzunehmen;
- Kritik zu üben;
- Autoritäten in Frage zu stellen und nach der Legitimität einer Entscheidung zu fragen;
- und schließlich, Probleme auszudiskutieren und eine Diskurskultur zu etablieren und damit Demokratie zu wagen. Hierzu gehört neben den vielfachen Formen des gesellschaftlichen Engagements auch das, was den Kern des demokratischen Prinzips ausmacht: Die Wahrung der Individualität und der Differenz (eine bedeutende Kategorie in der Kritischen Theorie und der Dialektik der Aufklärung), wobei zum einen jede Person einen Wert in sich besitzt und einen gleichbedeutenden und gleichberechtigten Einfluss auf politische Entscheidungen und damit seinen gesellschaftlichen Handlungsrahmen hat, und zum anderen Minderheitenschutz

und das Ausleben individueller Orientierungen gewährleistet ist.

Ein gesellschaftlicher Bereich, in dem die 68er Bewegung jedoch nahezu völlig wirkungslos blieb, soll nicht unerwähnt bleiben. Dies waren die ökonomischen Strukturen, der Kapitalismus und die kapitalistischen Herrschaftsstrukturen, die, wie bereits gesagt, ein wichtiges Theoriefeld der Frankfurter Schule sind.

Ich möchte an dieser Stelle nicht über die Gründe der Wirkungslosigkeit spekulieren, sondern festhalten, dass schon ab Ende der 70er Jahre und dann verstärkt in den 80er und 90er Jahren nach dem Zusammenbruch der Sowjetunion die neoliberale Wirtschaftstheorie und damit auch der ungezügelte Kapitalismus in der westlichen Staatenwelt einen Boom erlebte, der mit einer kurzen Unterbrechung im Jahr 2008/2009, dem Jahr der Weltwirtschafts- und Finanzkrise, ungebremst anhielt. Die Ökonomisierung der Gesellschaft mit den entsprechenden kapitalistischen Machtstrukturen, die die *Kritische Theorie* als einen der zentralen Punkte ihrer Kritik formulierte, ist kein Mythos, sondern mehr denn je gesellschaftliche Wirklichkeit, die uns heute den Populismus und das Abgleiten in Rechtsradikalismus beschert hat. Wer sie sehen will, könnte sie sehen – mit den Augen der *Dialektik der Aufklärung*. Erinnert sei an die Aussage von Horkheimer/Adorno in der Vorrede zu der Dialektik der Aufklärung: „*Die Steigerung der wirtschaftlichen Produktivität, die einerseits Bedingung für eine gerechtere Welt herstellt, verleiht andererseits dem technischen Apparat und den sozialen Gruppen, die über ihn verfügen, eine unmäßige Überlegenheit über den Rest der Bevölkerung. Der Einzelne wird gegenüber den ökonomischen Mächten vollends annulliert.*"[9]

Die schwerwiegende Folge des Kapitalismus ist der Verlust der Differenz. Mag der Kapitalismus auf der einen Seite einen Beitrag zum kollektiven Reichtum leisten, so führt er auf der anderen Seite, wie das schon Karl Marx formuliert hat, zur individuellen Verarmung und zur Verarmung des Individuellen.

Oskar Negt, der bei Max Horkheimer und Theodor W. Adorno Soziologie und Philosophie studiert hat, 1962 bei Adorno mit einer Dissertation über den *Gegensatz von Positivismus und Dialektik* promoviert wurde und von 1962 bis 1970 Assistent von Jürgen Habermas war, sagte über den Kapitalismus: Immer mehr gesellschaftliche Handlungsfelder sind in den Sog der Ökonomie geraten und wurden und werden kapitalistischen Gesetzmäßigkeiten unterworfen. Die Ökonomisierung der Gesellschaft und des Denkens hat bedrohliche Ausmaße angenommen. Schulen, Universitäten, Pflegeheime und Krankenhäusern werden unter ökonomischen und Renditegesichtspunkten geführt.

Mit der Okkupierung der sozialen Macht durch den Markt und seine Mechanismen verwandelt sich der Mensch vom Subjekt zum Objekt des Geschehens und erodiert die Identität der Gesellschaftsmitglieder. Der Einzelne funktioniert im Sinne kapitalorientierter Marktregeln, wie das Hannah Arendt schon in den Sechzigerjahren beschrieben hat. Im Kampf aller gegen alle um Arbeitsplätze und seinen Anteil am Wohlstand tritt Einzelkämpfertum an die Stelle von Solidarität. Die kapitalistische Marktwirtschaft

---

[9] Horkheimer/Adorno, Dialektik der Aufklärung. Raubdruck, S. 4.

mag allenfalls, so Marion Dönhoff, den Magen kurieren, die Seele aber wird ruiniert. Alles ist konzentriert auf das Produzieren und Konsumieren. Alles andere ist an die Peripherie gedrängt: alles Humane, die Kunst, Ethik. Und Roger Willemsen drückt diesen gesellschaftlichen Zustand in seinem Buch ›Deutschlandreise‹ so aus: Unvorstellbar, welche Kultur man haben könnte, wenn man an Problemen arbeitete, statt an Bilanzen, wenn jeder nur das täte, was er gesellschaftlich für wichtig, und nicht, was er für profitabel hält.

Vor diesem Hintergrund muss im Mittelpunkt jeder Politik mehr denn je der Mensch, dessen Würde und Einzigartigkeit, dessen Wohlergehen und dessen physisches und psycho-soziales Wohlempfinden stehen.

Und wir müssen Arbeit entwerten. Dem Arbeitsethos als der einzigen oder dominanten Art der Selbstverwirklichung muss als Widerpart zu den unersättlichen Ansprüchen der Hochleistungsgesellschaft eine Kultur des Genusses zur Seite gestellt werden. Genießen-Lernen im Sinn von zweckfreiem, angstfreiem Sein, von der Befreiung vom Terror der Zeit, von Hinwendung zum Schönen und Abkehr vom Produktiven.[10]

Auf dem Hintergrund der berühmten Adorno-These *„Es gibt kein richtiges Leben im falschen“* wird es eine spannende Frage für die Zukunft sein, ob die oben angesprochenen demokratischen Prinzipien die Oberhand behalten und in der Lage sind, Partikularinteressen zugunsten von Gemeinwohlinteressen zurückzudrängen. Dort, wo Menschen zusammenkommen und jeder den Mut hat für sich

---

[10] Vgl. dazu auch das Kapitel ‚Der Sinn des Lebens‘ in diesem Buch.

selbst zu sprechen, kann sich etwas Neues ergeben, ganz im Sinn der Dialektik der Aufklärung, die an erste Stelle der Überlegungen die Kritik am Bestehenden stellt, die Spannung zwischen dem Bestehenden und dem Möglichen. Sie möchte die Tür öffnen für eine bessere Praxis.

5 Demokratie braucht Menschlichkeit und nicht Kapital

Die Ergebnisse der Entwicklungspsychologie machen eines sehr deutlich: Moralität und Gerechtigkeitsempfinden sind tief in uns Menschen verwurzelt und gehören als *allgemein menschliche Eigenschaft* zum genetischen Programm des Homo sapiens. Sie sind existenziell und entwickeln sich in jedem Menschen entlang der kognitiven, psychischen und physischen ontogenetischen Entwicklungslinien in einer vorgegebenen zeitlichen Abfolge. Gerechtigkeitsempfinden ist demnach nicht etwas von außen ‚Erzwungenes', sondern ein existenzielles Merkmal menschlichen Seins (das übrigens rudimentär auch bei Menschenaffen zu beobachten ist). Die *Ausprägungsformen* des Gerechtigkeitsempfindens und auch der Moralität sind natürlich von Person zu Person nicht gleich, sondern entsprechend der Charaktereigenschaften, der Temperamente, der Sozialisation und Enkulturation eines Individuum personenspezifisch und gehören zum Wesen der Person. Der Umstand, dass Gerechtigkeitsempfinden sowohl innerhalb einer Kultur als auch interkulturell eine erhebliche Varianz aufzeigen, erschwert es, für alle Menschen gleich gültige Gesetze zu erlassen, die dem je spezifischen Gerechtigkeitsgefühl Einzelner gerecht werden. Deswegen wird es immer eine Lücke zur *gefühlten Gerechtigkeit* geben. Das, was für den einen schon ungerecht ist, empfindet der andere noch als gerecht. Es bleibt Aufgabe des Staates und der Gesellschaft die Gerechtigkeitslücke so klein wie möglich zu halten, da das Empfinden von Ungerechtigkeit innere

Konflikte und Missempfinden hervorrufen kann, und es führt, wenn es der Demokratie nicht gelingt, dem Gerechtigkeitsempfinden adäquat zu handeln, zur Politikverdrossenheit und zur Abkehr von der Demokratie und seiner Institutionen. Der Staat muss um das Vertrauen der Bürgerinnen und Bürger werben, indem er ihre Bedarfe berücksichtigt und befriedigt.[11] Andererseits lebt auch die Demokratie von dem Vertrauen, das er und seine Organe in seine Bürger setzt. Argwohn und Verdächtigungen korrumpieren Vertrauen und unterhöhlen einen der Grundpfeiler einer funktionierenden Demokratie.

Der Ökonom Amartya Sen, der 2020 mit dem Friedenspreis des deutschen Buchhandels ausgezeichnet wurde, verknüpft Gerechtigkeit und Armutsbekämpfung mit politischer und persönlicher Freiheit, Gleichheit und Demokratie. Freiheit ist das normative Ziel der Menschen und eine Gesellschaft ist umso gerechter, je mehr Menschen über Möglichkeiten zur Verwirklichung (capabilities) dieses Ziels verfügen. Eine Gesellschaft ist nach Sen dann gerecht, wenn die Gesellschaft und das politische System die Chance bieten, ein gutes Leben und Freiheit zu ermöglichen. Um dies zu erreichen, muss die Gesellschaft und die Politik insbesondere die bipolare soziale Achse des Menschen, seine Individualität und seine sozialen Bedingtheit berücksichtigen. Dafür bietet die Demokratie eine hervorragende Plattform. Sie garantiert die Individualität dadurch, dass jede Person einen gleichwertigen Einfluss auf politische Entscheidungen und damit seinen gesellschaftlichen Handlungsrahmen hat, und dadurch, dass

---

[11] Vgl. dazu die Ausführungen in ‚Conditio humana‘ in diesem Buch.

Mehrheitsbeschlüsse bindend sind, auch für die Minderheiten.

Demokratie ist Vielfalt und Verschiedenartigkeit und nicht Homogenität, wie das ultrarechte Gruppierungen und rechtsradikale Parteien, wie zum Beispiel die AfD um den Faschisten Höcke und die Vorsitzende Alice Weidel in Deutschland fordern. So viele Menschen es gibt, so viele Meinungen gibt es auch. Demokratie ist auf diesem Hintergrund ein riesiges, immerwährendes Experimentierfeld und erfordert von allen Beteiligten Einsichtsfähigkeit, Wissen, Vertrauen, Verantwortung und Mut zu Kompromissen, um sie funktionsfähig zu halten. In einer Demokratie gibt es immer Alternativen. In dem Maß, wie sie unterdrückt werden, wird die Freiheit erstickt.

Demokratien sind einem gesellschaftlichen Lernprozess ausgesetzt und können deshalb nicht einfach importiert oder exportiert werden, wie es vielfach in der Nachkolonialzeit (zum Beispiel in Asien, Afrika und Nahem Osten) versucht wurde. Humanität benötigt, so Oskar Negt, Bindungen. Bindung in Bezug auf Objekte (Objektfixierung) und auf Menschen (innere Fixierung des Menschen), die beide jedoch in der gegebenen marktradikalen kapitalistischen Gesellschaftsordnung strukturell ausgehöhlt werden.

Demokratie ist der Menschlichkeit verpflichtet, deren geborener Feind die Entmenschlichung, die Verdinglichung, also das Zur-Ware-werden der Menschen ist, die der Kapitalismus in steigendem Maße bewirkt hat. Der soziale und demokratische Staat ist also aufgefordert, Verhältnisse herzustellen, in denen der Mensch weder ein erniedrigtes, noch geknechtetes, noch verlassenes Wesen ist, sondern als jemand behandelt wird, der einen Wert in sich hat und vernünftig zu handeln in der Lage ist.

Offensichtliche Feinde und solche, die sich nicht auf den ersten Blick als solche zu erkennen geben, hat die Demokratie genug. Ein Gegner, der sich gern als Wohltäter generiert, sich aber zu einem Gegenspieler der liberalen Demokratie entwickelt hat, ist der unregulierte, marktradikale Kapitalismus, wie er sich uns gerade unter Donald Trump in den USA präsentiert. In der solchermaßen kapitalistisch organisierten Gesellschaft ist die Ökonomie zum Zweck geworden, die lediglich als Mittel gedacht war. In einer solchen Gesellschaft ist ökonomisches Denken zum vorherrschenden Prinzip und der entwertete ökonomische Mensch, ein Mittel zum Zweck geworden. Der Mensch, der tendenziell sein Leben danach ausrichtet, was nützlich ist und was ihm nützt, ist zum Leitbild geworden.

Der Kapitalismus beinhaltet drei große Entwertungen. Das ist einmal die Entwertung von Bindungen, das Zweite ist die Entwertung von Erinnerungen und das Dritte die Entwertung von Erfahrung. Der Politik ist aufgetragen, sich um diese Bindungen zu sorgen, sie zu festigen und dafür Ressourcen bereitzustellen. Da kein Mensch als politisches Lebewesen (zoon politikon) geboren wird, ist politische Bildung Existenzvoraussetzung jeder demokratischen Gesellschaft. In seinem Aufsatz ‚*Humanität benötigt Bindungen, die der Kapitalismus zerstört*', appelliert Oskar Negt denn auch eindringlich an die Verantwortung jedes Einzelnen: Das Schicksal einer lebendigen demokratischen Gesellschaftsverfassung hängt wesentlich davon ab, in welchem Maße die Menschen dafür Sorge tragen, dass mit der berechtigten Realisierung eigener Bedürfnisse und Interessen das Gemeinwesen nicht beschädigt wird.

Karl Marx hat schlüssig und scharfsinnig die inneren Regelwerke des Kapitalismus analysiert und dessen Folgen für die Gesellschaft insgesamt aufgedeckt. Man kann Marx vorwerfen, die Zwangsläufigkeit der Ereignisse kapitalistischen Wirtschaftens überschätzt, und die reformerischen Kräfte, die dieser Zwangsläufigkeit entgegenstehen, unterschätzt zu haben. Aber bestehen bleibt seine fundamentale Erkenntnis über die inneren Dynamik des Kapitalismus und seiner Auswirkungen auf die Menschen. Eine Erkenntnis, deren Folgen wir heute überall dort, wo die unregulierte kapitalistische Wirtschaftsordnung vorherrscht, sehen und spüren können: Monopolbildung, extreme ökonomische und soziale Ungleichheit, Verarmung der Erfahrungen und materielle Verarmung eines nicht geringen Teils der Bevölkerung (insbesondere mit Blick auf die Weltbevölkerung), immense Umweltzerstörung, Klimakatastrophe, Vereinsamungsängste, Zunahme prekärer Arbeitsverhältnisse, Verlust sozialer Bindungskräfte, Aufzehrung des Gemeinsinns und, nicht zuletzt, Gefährdung der Demokratie, um nur einige wenige Folgen der Übermacht des Kapitals zu nennen. Und all dies wäre um ein Vielfaches zerstörender, wenn nicht reformerische Kräfte, deren ökonomischen und philosophischen Analysen sich zu einem erheblichen Teil auf die Marxschen Überlegungen gestützt haben, sich gegen die kapitalistischen Auswüchse gestemmt und die Übermacht des Kapitals und neoliberaler Ökonomie eingedämmt hätten.

Die Entwicklung des marktradikalen Kapitalismus wird seit Beginn unseres Jahrhundert durch Internet und die sich unkontrolliert ausbreitenden sogenannten sozialen Medien unterfüttert, die die negativen Auswirkungen des neoliberalen Kapitalismus verstärken, und die liberale Demokratie gefährden. Die Gesellschaft ist von digitalen Medien und Meinungsmachern durchdrungen, die zunehmend unser Handeln und darüber hinaus auch unser Denken beeinflussen. Das, was in den digitalen, den sogenannten ‚sozialen' Medien an Verunglimpfungen, Beschimpfungen, Drohungen und Hass, an Kraftmeierei, an Lügen und Tatsachenverdrehungen in die Welt getragen wird, scheint kaum noch beherrschbar. Nur zaghaft melden sich Stimmen zu Wort, die sich dem unkontrollierbaren Treiben im Internet, den Skandalisierungen und den bewussten Vernichtungsattacken entgegenstellen und fragen: Was gehört in die Öffentlichkeit, was erfüllt einen Strafbarkeitsbestand, was ist eine Verfehlung und was ist bloß aufgebauschter Skandal?

Man könnte meinen, lasst den Spinnern, den Lügnern, den Verschwörungstheoretikern und Rechtsradikalen und Verwirrten doch ihre kleinen digitalen Freiheiten. Sie bedrohen jedoch nicht nur konkret Menschen, sind verbal gewalttätig und verleiten manchen Fanatiker, Psychopathen und bösartigen Narzissten dazu, im realen Leben zur Waffe zu greifen. Sie vergiften das soziale Klima und polarisieren die Gesellschaft, verwischen permanent die Grenzen zwischen Wahrheit und Lüge und machen so stumpf gegenüber Erdichtetem und Lügen. Das Internet ist, so wie es heute vielfach in Erscheinung tritt, kein Forum, kein Marktplatz für die Bürger, wo sie konstruktiv miteinander diskutieren können. Die Diskussion wird beherrscht durch

Algorithmen und aggressive marktradikale Konzerne wie Facebook, X, Instagram oder TikTok und ihre selbstherrlichen, narzisstischen und rechtspopulistischen Bosse, wie zum Beispiel Elon Musk, der auf seinem X-Social-Media-Account in die Welt posaunt, dass „*Deutschland nur durch die AfD gerettet werden kann*“. Das Treiben im Netz gefährdet unser aller Freiheit und damit auch die Demokratie.

Es klingt nach Apokalypse. Noch ist es nicht ganz so weit, aber eines ist sicher: Wenn wir heute nichts gegen diese medialen Unwetter, die Datensammelwut der digitalen Monopolunternehmen und das damit einhergehende Überwachungs- und Kontrollpotenzial – unterstützt durch Künstliche Intelligenz (KI) wie GPS-gestützte Gesichtserkennung, Spracherkennung und dergleichen – tun, dann sind wir auf dem besten Wege in einen autoritären, diktatorischen Staat. Wir müssen jetzt in einen öffentlich-politischen Diskurs eintreten und uns damit auseinandersetzen, wie wir in Zukunft leben wollen. Ansonsten übernehmen dies intransparente Kräfte und Computer und in nicht allzu weiter Ferne die Systeme Künstlicher Intelligenz. Sie schaffen Fakten und geben die Richtung einer zukünftigen kapitalistischen Gesellschaftsordnung vor, die wir irgendwann nicht mehr korrigieren können.

Ich möchte hier zwei wichtige Argumente an-führen, die neben der Kapitalismuskritik diese Gefährdungs-These stützen.

Erstens: Hinter der medialen Digitalisierung steht zum einen die geballte Kraft von nur etwas mehr als einer Handvoll von Internet-Firmen in den USA und China, die mit dem militärischen Komplex eng verwoben und weitgehend der demokratischen Kontrolle entzogen sind. Der Bereich von social Networking[12] im Westen wird von nur vier Internetunternehmen beherrscht: Das sind einmal Facebook mit WhatsApp, und Instagram, die Plattform X von Elon Musk, dann Google, dem YouTube gehört, und schließlich Microsoft mit Skype. Sie und weitere Internetgiganten wie Amazon, Apple, Ebay, Yahoo, Netflix oder TikTok, hinter dem der chinesische Konzern Beijing Bytedance Technology steht, Alibaba und Tencent (die beiden letztgenannten sind ebenfalls aus China), um nur einige Große zu nennen, sammeln Millionen und Abermillionen Datensätze über jeden von uns und verarbeiten sie. Sie füttern ihre Laboratorien für Künstliche Intelligenz mit diesen Daten und entwickeln entsprechende Algorithmen, mit denen sie unser Verhalten vorhersagen, kontrollieren und manipulieren können – und so in die Lage versetzt werden, demokratische Prozesse und Wahlen zu beeinflussen und zu steuern. Musk, der ‚Citizen Kane' der Neuzeit, hat das bei den letzten Präsidentschaftswahlen eindrucksvoll unter Beweis gestellt, indem er Trump und dessen Wahlkampf mit über 250 Millionen Dollar unterstützt hat – und die Wahl für Trump gewonnen hat.

Zweitens: Entscheidende Voraussetzung für eine funktionierende Demokratie ist, dass die Wählerinnen und Wähler sich informieren, dass sie die Möglichkeit haben, Wahrheit von Unwahrheit zu unterscheiden, dass sie verschiedene Meinungen einholen und sich, gestützt auf Fakten, frei entscheiden können. Ist dies in Staaten, in denen zunehmend nicht mehr faktenbasiert debattiert, sondern in

[12] Vgl zum Problem der modernen Informationsnetzwerke ausführlich: Yuval Noah Harari, Nexus, Penguin Verlag 2024.

‚Denkblasen' Applaus für die je eigene Meinung gesucht wird, in denen Stimmungen, Desinformation, Lügen und Diffamierungen zum täglich Brot gehören, wie das Donald Trump, der Präsident der USA vorexerziert, noch vorhanden?

Man hat errechnet, dass Fake News zwar nur gut ein Prozent der Nachrichten in den sozialen Medien ausmachen, aber diese werden oft sehr schnell und explosionsartig durch entsprechende Algorithmen verbreitet, unterstützt durch Posts, durch Trolle, Bots und das ganze sonstige Arsenal des zeitgenössischen ‚Informationskriegs'. Dazu kommt gezielte Desinformationspolitik interessierter Staaten wie Russland, China und zivilgesellschaftlicher Gruppierungen, deren Ziele oftmals dubios sind. Die Folge ist, dass vor lauter falscher Versionen die überprüfbaren Tatsachen nur noch eine Version unter vielen sind. Unwahrheiten werden im gewissen Ausmaß als Normalität hingenommen, und es fällt unter diesen Bedingungen oftmals schwer, wahre Informationen herauszufiltern.

Mit Blick auf die Demokratie stellt sich die Frage, ob auf diesem informationellen Hintergrund eine freie und rationale Wahlentscheidung in Zukunft noch möglich sein wird. Oder setzen sich diejenigen durch, die am lautesten schreien, oder der, der am meisten Geld in die mediale, digitale Welt investieren kann? Ein Denken ohne Geländer, wie das Hannah Arendt formuliert hat, wird unter diesen Bedingungen mit Sicherheit erschwert. Viele sind damit überfordert, die Unwahrheit von der Wahrheit zu trennen und für sich selbst Klarheit zu schaffen, auf deren Basis man zu einem rationalen Urteil kommt.

Wie in der menschlichen Seele Noch-Nicht-Bewusstes dämmert, also etwas, das noch nie bewusst war, so verbirgt sich in den gesellschaftlichen Verhältnissen Noch-Nicht-Gewordenes, das ans Licht geholt werden muss. Nur eine freie Entwicklung eines jeden ist die Bedingung für die Entwicklung aller, sagt Marx und formuliert seine Vorstellung von Emanzipation des Menschengeschlechts: Erst wenn der wirkliche individuelle Mensch den abstrakten Staatsbürger in sich zurücknimmt und als individueller Mensch in seinem empirischen Leben, in seiner individuellen Arbeit, in seinen individuellen Verhältnissen Gattungswesen geworden ist, erst wenn der Mensch seine ‚forces propres' als gesellschaftliche Kräfte erkannt und organisiert hat und daher die gesellschaftliche Kraft nicht mehr in der Gestalt der politischen Kraft von sich trennt, erst dann ist die menschliche Emanzipation vollbracht.

III Gefährdungen der Demokratie durch Populismus

6 Reflexionen über ein beschädigtes Leben am Beispiel der Corona Pandemie

Die Covid-19-Pandemie und die mit ihr einhergehenden und folgenden Krisenerscheinungen und gesellschaftlichen Um- und Aufbrüche öffnen den Blick auf die Gesellschaft als ein sensibles soziales System. Die Beschädigungen der Menschen in ihrem interdependenten gesellschaftlichen Bezugsrahmen werden sichtbar und diagnostizierbar, so wie zum Beispiel die Einfärbung von einzelnen Neuronen es Forschern erlaubt zu erkennen, wie Neurone miteinander verbunden sind, und es auf diese Weise möglich wird, detaillierte Diagramme des Gehirns zu erstellen und seine Arbeitsweise zu studieren.

Wer seine Augen offen hält, wird schnell die Unvollkommenheit unserer Gesellschaft erkennen. Man kann zwar eine ideale Welt formulieren und anstreben, aber in der Realität muss man sich mit ihren Unzulänglichkeiten und persönlichen Zumutungen auseinandersetzen, will man sich nicht dem Vorwurf aussetzen, ein gleichermaßen unsensibler wie ignoranter Verdrängungskünstler zu sein. Die Liste des Falschen, des Unerträglichen, des Bösen und Destruktiven, die jedem einzelnen Leben in unterschiedlichen Ausprägungsformen entgegenstehen und ein gutes Leben erschweren oder gar verwehren, ist groß. Die Menschen in Deutschland und der Welt hat bekanntermaßen nicht nur die Covid-19-Pandemie bedrängt, sondern viele andere

Probleme wie die Klimakatastrophe, Umweltzerstörungen, soziale und ökonomische Missstände, Zensur, Armut und Hunger, Fundamentalismus und Terror, Bürgerkriege mit der Folge von Migration, Flüchtlingen und Menschenrechtsverletzungen machen der Menschheit zu schaffen. Wie kann, wie soll sich jeder Einzelne zu all der Unbill verhalten?

Der Mensch ist ein Individuum, aber eines, das auf den anderen angewiesen ist. Der Mensch lebt und überlebt nur in funktionierender sozialer Umgebung. Als Einzelwesen mit seinen je subjektiven Bedürfnissen und Zwecken kann er sein Handeln eigenverantwortlich gestalten – in abträglicher oder förderlicher Weise für die Gemeinschaft. In jedem Fall aber affiziert sein Handeln das des anderen und vice versa. Aufgrund der Reziprozität der Handlungs-Struktur zwischen dem Ich und dem Du ist jedes Handeln mit dem anderen verbunden und greift in das Leben des anderen ein. Die Reziprozität und Interdependenz von Individuen und sozialen Systemen zwingt also den einzelnen den anderen in sein Handeln einzubeziehen. Jeder muss sich im Klaren sein, dass sein Handeln je nach dem den anderen fördern oder schädigen kann.

Wie der einzelne sich jeweils zu dem anderen verhält, ist aufgrund der kontingenten menschliche Existenz in heutigen komplexen Gesellschaften in hohem Maße seinem Urteil und seiner Entscheidung anheimgestellt. Mehr als jemals zuvor in der Geschichte hat die moderne Gesellschaft und der liberale demokratische Staat dem Menschen so viel Freiheit gewährt und ihn ermächtigt, seine individuellen Lebensentwürfe selbst zu entwickeln (was zu einer sehr starken Individualisierung zulasten des Sozialen in westlichen Gesellschaften geführt hat). Er kann so oder auch anders handeln – immer jedoch muss er unter der Maxime der Berücksichtigung der Bedürfnisse und Zwecke der anderen und der Verträglichkeit mit der Umwelt handeln. Seine Handlungsalternativen sind prinzipiell also lediglich durch diese Rücksichtnahmen begrenzt. Diese Offenheit der Gesellschaft verlangt von dem Einzelnen viel Verantwortung für die Folgen seines Handelns hinsichtlich eigener Grenzen und Möglichkeiten als auch mit Blick auf das Funktionieren des weiter gefassten sozialen Beziehungsgefüges und der Gesellschaft insgesamt bis hin zur Weltgemeinschaft.

Dabei stellt sich die Frage, wie der Einzelne anderen Menschen gegenübertreten soll, die sich dieser Verantwortung entziehen. Covid-19 war keine Privatsache. Der mit dem Covid-19-Virus Infizierte hat massiven Einfluss auf jeden anderen – physisch und psychisch. Der Einzelne kann zwar für sich sagen: ich kann mit dem Virus leben und hoffen, dass mein Körper die Krankheit ohne fremde Einwirkung besiegt. Er kann aber nicht sagen, mir ist es egal, wenn ich andere (immungeschwächte) Menschen anstecke und damit ihre Gesundheit und sogar ihr Leben aufs Spiel setze, oder mit meinem Verhalten dazu beitrage, dass sich gefährliche Mutanten entwickeln können, wie sich das ja auch tatsächlich in großem Umfang ereignete. Verantwortliches Handeln würde in dem Fall von ihm verlangen, sich von den anderen zu isolieren und alle dafür zur Verfügung stehenden Mittel zu nutzen, um ein Weitertragen des Virus zu unterbinden. Wichtigstes Instrument dafür war und ist neben anderen Vorsichtmaßnahmen das Impfen. Tut er das nicht, kann er dafür in einem demokratischen

Rechtsstaat entsprechend den Gesetzen sanktioniert werden, so wie auch ein alkoholisierter Kraftfahrer seinen Versicherungsschutz verliert und bestraft werden kann, weil er eine Gefahr für die Mitmenschen ist.

Der Einzelne kann in einer Gemeinschaft nicht danach handeln, was er selbst für richtig hält und dies als Gesetz formulieren. Wer die Befolgung der Gesetze der Gewissensprüfung durch Einzelne anheimgibt, endet bei der Demontage des Staates. Demokratie basiert wesentlich auf gesellschaftlichem Konsens, sowie der Anerkennung der bipolaren sozialen Achse des Menschen zwischen Individualität und seiner sozialen Natur und Bedingtheit. Zum Wesen der Demokratie gehört, dass jeder Einzelne Verantwortung für sich und die Gemeinschaft übernimmt. Schwindet der Wille zur Verantwortung für das Ganze, droht die Demokratie in Einzelinteressen zu zerfallen und partikulare und unkontrollierbare ökonomische, soziale oder mediale Kräfte können die Herrschaft übernehmen und das gesellschaftliche und politische Geschehen bestimmen.

Im Jahr 2020 lebten nach einer Berechnung von *The Economist*[13] etwa die Hälfte der Weltbevölkerung unter repressiven, autoritären Verhältnissen mit entsprechend eingeschränkten Freiheits- und Selbstbestimmungsrechten (wie das zum Beispiel in China während der Covid-19-Pandemie exzessiv geschehen war).

Für die andere Hälfte der Weltbevölkerung, zu der auch Deutschland zählt, gelten die repressiven Einschränkungen

---

[13] Vgl. zu dieser Untersuchung ausführlicher Kapitel 7 ‚Autoritarismus versus Demokratie'.

nicht. Sie haben die Möglichkeit der Selbstgesetzgebung über ihre Parlamente und können im Rahmen ihrer Verfassungen über sich selbst bestimmen und, lediglich eingeschränkt durch demokratisch legitimierte Gesetze, ihr Leben in der Gesellschaft, in der sie leben entsprechend ihrer Lebensentwürfe gestalten.

Die Demokratie lebt vom Vertrauen ihrer Bürgerinnen und Bürger in den Staat und in ihre Regierung, wie auch davon, dass die staatlichen Institutionen den mündigen Bürgern Vertrauen entgegenbringen. Der Entzug des Vertrauens zum Staat und ihren Institutionen durch die Bürger und die Abwertung öffentlicher Institutionen und Normen zugunsten der Generierung eigener, partikularer Wahrheiten trägt den Keim gesellschaftlicher Desintegration, wenn nicht gar Spaltung in sich, wie er zum Beispiel in den USA, aber auch in abgeschwächter Weise bereits in Deutschland zu beobachten ist. Verstetigen sich solche privaten, partikularen Regelwerke führt das tendenziell zum Zerfall der staatlichen Ordnung (failed states) und fördert staatsferne Gruppenbildungen und Bewegungen innerhalb der Gesellschaft mit je eigenen Überzeugungen und Wertesystemen, wie das verstärkt während der Covid-Krise zu beobachten war. Beispiele sind etwa die ‚Querdenkerbewegung' oder die Vielzahl von esoterischen, religiösen und fundamentalistischen Gruppierungen, die sich zunächst gegen Impfungen ausgesprochen und in der Folge gegen den Staat gestellt hatten.

Charakteristisch für diese Gruppierungen ist eine strikte Grenzziehung zu den sie umgebenden sozialen Systemen und eine starke Reduktion von Komplexität innerhalb der jeweiligen Gruppen. Deren Mitglieder erleben die eigene kleine, komplexitätsreduzierte Welt als die einzige richtige, wahre und gute Welt und neigen dazu sie als allgemeingültig zu erklären.

Wir leben aber in einer äußerst komplexen, vielschichtigen und unsicheren Welt, in der Probleme nicht mit einem Schlag gelöst werden können. So vielschichtig die Welt ist, so vielschichtig sind auch die Probleme und ihre Lösungswege. Ein einziges Allheilmittel gibt es nicht. Wir alle sind lernende Systeme, die neue Lösungen für neue Probleme finden müssen und der Wissenspool und die jeweiligen Ressourcen zur Lösung der Probleme sind begrenzt – sowohl individuell wie auch politisch und gesellschaftlich. Komplexitätsreduktion, einfache Wahrheiten und Rettung verheißende ‚Führerschaft' verschaffen da nur trügerische und prekäre Übersichtlichkeit, Sicherheiten und Orientierungen. Je nachdem wie stark die inneren Bindungskräfte und die normativen und weltanschaulichen Abweichungen zum sozialen Umfeld in einer sozialen Gruppierung sind, steigt die Gefahr, dass sich die zunächst lose verbundenen Mitglieder dieser Gruppe immer weiter abschotten und sich ihre systemimmanenten Strukturen verstetigen bis hin zu einem sektenartigen Zusammenschluss. Eine Wagenburgmentalität baut sich auf. Man schart Gleichgesinnte um sich und bekämpft alles, was nicht in den eigenen Lebensentwurf und das eigene Meinungsspektrum passt.

Wie sind in diesem Zusammenhang Corona-Leugner und Impfverweigerer einzuordnen?

Zur Erinnerung: „*Jeder hat das Recht auf freie Entfaltung seiner Persönlichkeit, soweit er nicht die Rechte an-*

derer verletzt und nicht gegen die verfassungsmäßige Ordnung oder das Sittengesetz verstößt." So steht es in Artikel 2 des Grundgesetzes. Die freie Entfaltung der Persönlichkeit ist also jedem, der in Deutschland lebt, nicht eigenem Belieben freigestellt, sondern im Zweifel durch die Pflicht, die Rechte anderer zu beachten, beschränkt.

Die entscheidende Frage ist nicht, dass die Rechte anderer durch Impfgegner oder Impfverweigerer eingeschränkt werden, sondern in welchem Umfang einschneidende Maßnahmen zu rechtfertigen wären?

Einige wenige Zahlen helfen bei der Beantwortung dieser Frage.

Weltweit gab es laut WHO rund 800 Millionen Infizierte und 7 Millionen Corona-Tote. Die weltweite Mortalitätsrate war also knapp 1%. In Deutschland hatten sich bis zum 25.11.2021 insgesamt über 5,5 Millionen Menschen infiziert bei insgesamt über 100.000 Coronatoten[14]. Wenn der Staat es zugelassen hätte, dass sich an einem Tag 76.000 Menschen infizieren (25.11.2021), würde er in Kauf nehmen, dass in den kommenden Wochen über 1.300 Menschen wegen Corona sterben würden. Die WHO ging damals davon aus, dass die Impfung allein in Europa mindestens eine halbe Million Leben gerettet hat. Der Zusammenhang zwischen Höhe der Impfquote und Infektionsgeschehen war ebenfalls eindeutig. Überall dort wo es eine hohe Impfquote gab, war die 7-Tage-Inzidenz (Infektionen pro 100.000 Einwohner) niedrig (Beispiele: Portugal, Malt, Spanien, Italien – Bremen, Schleswig-Holstein), wo eine

[14] Bis zum Ende der Corona-Pandemie sind in Deutschland insgesamt 186.000 Menschen an oder infolge von Corona gestorben (Zahlen von 2025).

niedrige Impfquote herrschte, beobachtete man entsprechende hohe Inzidenzen (Beispiele: Tschechien, Polen, Griechenland, Ungarn – Sachsen, Thüringen, Brandenburg, Bayern, Baden-Württemberg). Von den Erwachsenen unter 60 Jahren, die mit Covid-19 auf Deutschlands Intensivstationen waren, waren nach einem Bericht des RKI 87 Prozent ohne Impfschutz.

Die Zusammenhänge sind also überdeutlich: dort wo viele Nichtgeimpfte lebten, explodierte die Zahl der Infizierten und ein paar Wochen später füllen sich die Krankenhäuser und die Bestattungsinstitute konnten sich die Hände reiben. Man muss es so drastisch sagen: die Rücksichtslosigkeit von Zweifelnden, fundamentalistischen bis radikalen Minderheiten hatte sich zu einer bedeutenden Todesursache entwickelt. Der Staat war verpflichtet, seine Bürgerinnen und Bürger zu schützen und Nutzen und Kosten der Maßnahmen abzuwägen. Es bleibt die Frage, die auch heute noch relevant ist und aufgearbeitet werden muss, welche Eingriffe in die Menschen- und Selbstbestimmungsrechte waren aus der Sicht von heute gerechtfertigt, was waren die psychischen, sozialen und ökonomischen Kosten für den Einzelnen und die Gesellschaft, was waren die Folgen einer Unterlassung von Maßnahmen, was ist der Nutzen für den Einzelnen und die Allgemeinheit, insbesondere unter Berücksichtigung vulnerabler und besonders schutzbedürftiger Gruppen (Kinderwohl, Alte, Unterprivilegierte/Arme, Schwangere, Kranke usw.).

Wenn der Staat bei Abwägung aller ethischen, sozialen, ökonomischen und politischen Nutzen-Risiko-Abwägungen zu dem Schluss kommt,

- dass bei einer Corona-Impfung die Nutzen die Kosten bei weitem überwiegen und

- die Gefahr von gesundheitsgefährdenden Nebenwirkungen im Verhältnis zum Nutzen vernachlässigbar ist (bei weltweit Milliarden von verabreichten Impfdosen und gut dokumentierten Nebenwirkungen kann mit Recht davon ausgegangen werden),

- dass das Tragen von Schutzmasken, Abstandsregeln, Kontaktbeschränkungen bis hin zu einem Lockdown und Impfpflicht die Mittel der Wahl sind,

dann ist in einem demokratischen Staat das Parlament verpflichtet, entsprechende Gesetze zu erlassen und sie auch durchzusetzen – bis hin zu einer Impfpflicht oder zeitlich begrenzten Lockdowns. Er darf sich nicht einer Minderheitenmeinung beugen, auch wenn dieser Minderheit die Entscheidung ungerechtfertigt erscheinen mag. Eine Allianz der Unvernünftigen, die die Gefährlichkeit des Virus ignorieren, darf nicht die Gesundheit einer ganzen Gesellschaft gefährden.

In jeder Gesellschaft gibt es asoziale Egoisten und fundamentalistisch, esoterisch, rechtspopulistisch oder religiös motivierte Gruppen, auf die der demokratische Staat Rücksicht nehmen und sie dulden muss, selbst dann, wenn diese diesen Staat ablehnen – solange sie sich im Rahmen der verfassten Ordnung bewegen. Eine so verstandene liberale Demokratie, die Minderheiten schützt und auch Rücksicht auf die Rücksichtslosen nimmt, bedeutet aber nicht, dass der einzelne rücksichtslos machen kann, was er will, insbesondere gibt es ihm kein Recht, der Allgemeinheit Schaden zuzufügen. Der zu beobachtenden Tendenz, der Einzelne sei alles, die Gemeinschaft zähle nichts, muss der demokratische Staat wehrhaft entgegentreten. Offen asoziales, egoistisches Verhalten ist kein Freiheitsrecht.

Unsere politische Kultur wird getragen von der Vorstellung, dass Menschen und Gruppen, die eine Minderheitenmeinung vertreten, zumindest ein prinzipielles Interesse am Gelingen des Gemeinwesens haben. Ist dieser Konsens noch gegeben? Oder ist es nicht so, dass in der Zwischenzeit viele der Gruppierungen den demokratischen Konsens verlassen haben und entweder hypochondrischen Verschwörungserzählungen frönen oder ihre eigenen esoterischen oder rechtspopulistischen Süppchen kochen? Hat sich hinter der Corona-Leugnung nicht schon längst eine allgemeine Gegnerschaft zum Staat und seinen Institutionen aufgebaut und etabliert? Ein Staat, der also nur noch deren böses will, der sich gegen die Menschen verschworen, die Presse gleichgeschaltet hat, der ihnen alle Freiheiten nimmt. Das Vertrauen in den Staat ist aus solch einer verqueren und irregeleiteten Perspektive aufgebraucht und daher ist aus der Sicht dieser Gruppen auch nahezu jeder Widerstand erlaubt.

Unter dem Deckmantel, die Menschenrechte zu retten und die sogenannte ‚Corona-Diktatur‘ zu bekämpfen und unter Inanspruchnahme eines vermeintlichen Widerstandsrechts gegen die notwendigen Maßnahmen im Kampf gegen die Pandemie, verbündete sich mehr und mehr eine diffuse Ansammlung von unterschiedlichen Gruppen und Bewegungen, die sich vom demokratischen Staat abgewendet haben und eine andere Republik wollen. Dieser Trend hält bis heute an. Das deckt sich mit den Ergebnissen einer bereits 2002 durchgeführten sogenannten ‚Mitte-

Studie‘ im Auftrag der Friedrich-Ebert-Stiftung über rechtsextreme Einstellungen und Populismus. In dieser Studie zeigte sich, dass sich verschiedene rechtspopulistische Gruppen unter dem Label Fremdenfeindlichkeit, Klimagegner und Verschwörungs-Ideologen immer stärker vermischen. Anthroposophen, Esoterikern, Anhänger der Homöopathie, alternativer Heilverfahren und Traditioneller chinesischer Medizin, QAnon-Anhänger, Anhänger alternativer Politik, Rechtspopulisten und rechtsradikale Gruppierungen und Faschisten, sie alle bilden ein Sammelbecken der unterschiedlichsten Meinungen und Weltanschauungen, vereint im Widerstand gegen die da oben, gegen die ‚Eliten‘, gegen ‚jüdische Weltverschwörung‘, gegen ‚gleichgeschaltete‘ Presse, gegen Zuwanderung und Migration. Sie marschieren ‚empört‘ durch die Straßen, so wie einst Pegida den Anfang machte, als sie am 20. Oktober 2014 lauthals begann, die Straßen und Plätze von Dresden zu bevölkern und vormachte, wie man mit griffigen, hetzerischen Parolen und falschen Behauptungen die Massen in Aufruhr versetzen kann.

Eine Untersuchung des Regensburger ‚Center of Health Science and Technolog‘ hat nachgewiesen, dass Anhänger von alternativen Heilverfahren, Homöopathie und Traditioneller Chinesischer Medizin eine deutlich geringere Impfbereitschaft hatten. Sie befinden sich in guter Nachbarschaft von AfD-Anhängern und der Basis-Partei, die zu 50 Prozent beziehungsweise 15 Prozent nicht geimpft waren. Natürlich ist nicht jeder Anhänger alternativer Heilmethoden, der an Bachblüten glaubt, ein Corona-Leugner. Aber wer behauptet mit Bachblüten oder homöopathischen Kügelchen die Corona-Pandemie eindämmen oder gar besiegen zu können, machte sich mitschuldig am Tod vieler Menschen. In diesem Fall bedeutete das den Einstieg in systematische Wissenschaftsleugnung und Ausstieg aus dem wissenschaftlichen Denken. Wenn in den diversen Talkshows die Sorgen mancher Bürger ständig wiederholt wurden, auch wenn sie lückenlos widerlegt waren, und wenn die wenigen dokumentierten Einzelfälle von schweren Nebenwirkungen (angesichts von Milliarden verabreichter Impfdosen ohne schwerwiegende Nebenwirkungen!) als Beleg aufgeführt wurden, wie gefährlich die Impfung insgesamt sei, darf man sich nicht wundern, dass die Ängste der Menschen nicht kleiner wurden. Aufgrund der dauernden Beschwörung dieser Ängste wider besseres Wissens vor allem in den einschlägigen sogenannten sozialen Medien haben seitdem alternative Fakten und Verschwörungstheorien in der Bevölkerung eine steile Karriere gemacht.

Was soll man von Ärzten halten, die Geimpften in den Coronajahren Hausverbot erteilten und ein Schild an ihrer Praxistür anbrachten (wie in Lüchow in Niedersachsen geschehen): *Nur für Ungeimpfte*. Wie soll man mit einem Menschen umgehen, der mit seiner Familie wegen der Corona-Pandemie in Deutschland nach Südamerika auswandert, und der von seiner Mutter verlangt, sich keine Booster-Impfung geben zu lassen, da sie sonst an dieser Impfung sterben werde? Dieses vom Verfasser selbst erlebte Beispiel oder auch zum Beispiel die eindeutig widerlegte Behauptung, dass die Impfung unfruchtbar mache, zeigt, wie wirkmächtig ‚gefühlte Wahrheiten', ‚Fake News' und die in sogenannten ‚alternativen (sozialen) Medien' erzeugten Ängste und Sorgen sein können. Sie verbreiteten sich bedrohlich schnell und werden so zu einem politischen Faktor, dem sich die Politik stellen und solidarische Lösungen anbieten muss. In einer Cosmo-Studie der Universität Erfurt gaben 18 Prozent der Befragten an, mit ihrer Impfverweigerung könnten sie ihre politische Unzufriedenheit ausdrücken[15].

Rücksicht auf die Rücksichtslosen war und ist angesichts der rasanten Verbreitung der rechtspopulistischer Bewegungen und ihrer zerstörerischen Sprachgewalt, die sich heute auch in erschreckend hohen Wählerstimmen insbesondere in den neuen Bundesländern niederschlägt, nicht tolerabel. Die Bürgerinnen und Bürger und die Institutionen der liberalen Demokratie auf allen politischen Ebenen sind gleichermaßen aufgefordert, sich dieser autokratischen, rechtsradikalen und die Demokratie unterhöhlenden Entwicklung, die im anschließenden Kapitel ‚Autoritarismus versus Demokratie‘ aufgefächert und analysiert wird, entschlossen entgegenzustellen.

[15] Der Spiegel, am 13.11.2021.

7 Autoritarismus versus Demokratie

Die Bedrohung der Demokratie durch autokratischen Populismus

Demokratie steht unter Druck. Ist sie in der globalisierten, digitalisierten Welt noch zeitgemäß? Kann sie bestehen gegenüber eindimensional gestrickten, autokratischen oder faschistischen politischen Systemen, deren Führer suggerieren, zu wissen, was das Volk will und in des Volkes Sinn ihre Herrschaft auszuüben vorgeben und Lösungen anbieten, nur eben unkomplizierter, direkter und bequemer für das Volk? Was hat die Demokratie den Menschen mehr zu bieten als die Autokratie?

Reduktion von Komplexität, das Angebot der Autokraten, ist für viele Menschen verführerisch und verspricht psychische Entlastung in einer klar vorgezeichneten, überschaubaren Welt. Die Demokratie dagegen bedeutet Anstrengung, selbständiges Denken und Resilienz gegenüber Verführern einer allzu einfachen Welt. Warum sollte jemand diesen Weg gehen? Viele in der Welt gehen ihn nicht mehr.

Was also ist Demokratie, was fordert sie von uns und was bringt sie uns an Mehrwert gegenüber Autokratien? Von klugen Köpfen oft dekonstruiert und wieder neu zusammengesetzt präsentiert sich die Demokratie in immer neuem Gewand und bleibt sich doch immer gleich. Ähnlich einem Chamäleon, das sich seiner Umgebung anpasst und doch in ihrem im Wesen, ihrer naturgemäßen Bestimmung unverändert bleibt. Demokratie funktioniert wie der Zauberwürfel, den der ungarische Bauingenieur und Architekt Ernő Rubik 1974 erfunden hatte. Die sichtbare, bunt durcheinander gemischte äußere Hülle kann sich verändern, das innere Konstruktionsprinzip des Würfels bleibt unverändert. Für denjenigen, der dieses innere strukturelle Moment einmal erkannt hat, ist es ein Kinderspiel durch einige wenige Kniffe immer wieder das gleiche äußere Erscheinungsbild herbeizuzaubern. Ähnlich ist es mit der Demokratie. Sie äußert sich zu verschiedenen Zeiten in unterschiedlichen äußeren Erscheinungsformen, dazuhin eingefärbt auch durch regionale Besonderheiten.

Demokratie ist schmiegsam und anpassungsfähig, jedoch keine beliebig verfügbare Knetmasse, die sich nach eigenem Belieben modellieren lässt, wie das populistische Führer im autokratischen Schafspelz versuchen. Sie hat bei allen Unterschieden des äußeren Kolorits ein inneres, unveränderliches Gerüst, eine innere Struktur, die ihr über alle Zeiten und Regionen hinweg Stabilität verleiht. Gefährdungen und Aushöhlungen des Wesens der Demokratie können nur erkannt und verteidigt werden, wenn dieses innere Strukturprinzip denjenigen, die in einer Demokratie leben, sichtbar und erlebbar gemacht wird und sich im Bewusstsein jedes Einzelnen entfalten kann.

Die Demokratie stützt sich auf ein im Großen und Ganzen unhinterfragt akzeptiertes, allgegenwärtiges System von Überzeugungen, dass der Staat gerecht und fair ist, dass er seine Bürgerinnen und Bürger gleichbehandelt und sich bemüht, eine möglichst gerechte Verteilung der Güter herzustellen und den Menschen ein Leben ermöglicht, in dem sie unter Berücksichtigung der Interessen anderer ihr Leben frei gestalten können. Sie vertrauen darauf, dass der Staat und das demokratische System insgesamt so funktioniert, dass ihnen entsprechende Ressourcen für ein gutes Leben zur Verfügung gestellt werden.

Das Vertrauen ist gegenseitig. Auch der demokratische Staat ist darauf angewiesen, dass seine Bürgerinnen und Bürger ihm Vertrauen hinsichtlich seines politischen Handelns insofern entgegenbringen, dass sie ihm ein Handeln nach bestem Wissen und Gewissen zum Wohle der Bevölkerung unterstellen. Das schließt Meinungsverschiedenheiten und Konflikte zwischen Bürgern und Staat ein, die jedoch innerhalb des Rahmens des Gesellschaftsvertrags, sprich Verfassung beziehungsweise Grundgesetz, und den damit verbundenen Ausführungsgesetzen, die sie als ihre eigenen Gesetze erkennen können (da sie von den von ihnen gewählten Vertretern des Volkes beschlossen worden sind), ausgetragen werden müssen.

Die demokratischen Überzeugungen, die geräuschlos über unsere Erfahrungen im privaten Bereich, am Arbeitsplatz und allen anderen gesellschaftlichen Räumen täglich erlebbar werden und sich so ständig verifizieren oder falsifizieren lassen, entfalten in ihrer Gesamtheit eine innere Logik, die der demokratischen Idee ihre Stabilität verdankt.

Nach einer Definition von Hannah Arendt entstehen Ideologien dann, wenn eine Idee ihre eigene Logik entfaltet. Die Demokratie ist also eine Art Ideologie des Alltags, die in der Idee der Funktionsfähigkeit und Vertrauenswürdigkeit eines institutionellen Systems von Gerechtigkeit, Gleichheit, Freiheit und Solidarität wurzelt. Dies ist das Versprechen der Demokratie für jeden Einzelnen. Der Demokrat kann also wissen, worauf er sich einlässt, und er kann abwägen, inwieweit ihm diese Werte wichtig oder nicht wichtig sind und entsprechend seine Wahlstimme abgeben. Demokratie ist jedoch kein anonymes, abstraktes Gefüge, das dem Einzelnen undurchschaubar und starr gegenübersteht, vielmehr ist sie ein Teil unseres täglichen Daseins und wird jeden Tag neu gelebt, erlebt und erfahren. Demokratie ist nicht, sondern wird – jeden Tag neu. Demokratie lebt. Man kann sie sich vorstellen als eine Art lebenden Organismus, der sich durch uns Menschen materialisiert und ausformt. Ohne Demokraten, das heißt ohne Menschen, die Demokratie leben, gibt es keine Demokratie.

Wie nun steht es um die Demokratien und Demokraten in der Welt? Die Demokratien gehören, um ein Bild aus der Natur zu bemühen, zu den ‚gefährdeten politischen Arten'. Sie verlieren global gesehen an Boden. Seit 2004 verzeichnet der Transformationsindex (BTI) erstmals mehr autokratische als demokratische Staaten auf unserem Globus. Der Anteil demokratischer Regierungen in der Welt geht seit Jahren stetig zurück. Gemäß des Demokratieindex, ein von der englischen Zeitschrift *The Economist* berechneter Index, der den Grad der Demokratie in 167 Ländern misst und im Februar 2021 veröffentlicht wurde, lebten 2020 49,4% in einer ‚vollständigen oder unvollständigen Demokratie', 50,6% in einem ‚autoritären Regime' oder ‚Hybridregime'. Über ein Drittel (35,6%) der Weltbevölkerung werden von einem reinen diktatorischem Regime regiert (siehe nachfolgende Tabelle). Bezogen auf die Zahl der Länder hatten nur 13,8 Prozent eine vollständige Demokratie. 31,8% der untersuchten Ländern hatten eine unvollständige demokratische Regierungsform, dagegen wurden die Mehrheit der Länder, nämlich 55,1% der Länder von mehr oder weniger autoritären Regimen regiert (in dieser Statistik wird die Russische Föderation noch als hybrides System aufgeführt, das jedoch heute als rein autoritäres Regime eingestuft werden müsste)[16].

	L	**%L**	**%B**
Vollständige Demokratien	23	13,8	8,4
Unvollständige Demokratien	52	31,1	41,0
Hybridregime	35	21,0	15,0
Autoritäre Regime	57	34,1	35,6

L= Länder, B= Bevölkerung

Bedenklich ist auch, dass nicht nur despotische und autoritäre Regime zunehmen, sondern dass sich auch innerhalb der Demokratien seit Jahren eine schleichende Autokratisierung und autoritärer Populismus abzeichnet, die Demokratien und ihre Institutionen immer mehr aushöhlen (unvollständige Demokratien). In den vergangenen zehn Jahren hat nahezu jede fünfte Demokratie an Qualität eingebüßt. Nach einer Untersuchung der Körber-Stiftung im Jahr 2024 haben 51 Prozent der Befragten geringes oder weniger großes Vertrauen in die Demokratie und nur 22 Prozent haben großes Vertrauen in den Bundestag. In vielen bereits bestehenden Autokratien haben Unterdrückung, Machtmissbrauch und die Einschränkung von Meinungs- und Versammlungsfreiheit weiter zugenommen. Autokratien und autoritären Regime scheinen auch wirtschaftlich gegenüber den Demokratien aufzuholen, wie das zum Beispiel in China zu beobachten ist. Ein Indiz, das diese Annahme unterstützt, ist: 60% aller Patente werden inzwi-

---

[16] Nach einer Untersuchung des Varieties of Democracy Institute, Göteborg aus dem Jahr 2022 leben 72% der Weltbevölkerung oder 5,7 Milliarden Menschen in totalitären Verhältnissen.

schen von Ländern mit autokratischen Regierungen angemeldet.[17] Das verdient deshalb Beachtung, weil dadurch das Versprechen der Demokratien, besser für das materielle Wohlergehen sorgen zu können als Diktaturen, ins Wanken gerät

Nicht erst seit dem Ukraine-Krieg treten die Gefahren der Globalisierung und der damit zusammenhängenden Abhängigkeiten der Demokratien von nichtdemokratischen, autoritären Staaten verstärkt ins Blickfeld. So beispielsweise die eklatanten Abhängigkeiten Europas von fossilen Energien (Kohle Gas, Erdöl) und wichtigen Rohstoffen wie zum Beispiel Nickel, Mangan, Kobalt und Lithium (allein China produziert 58% des weltweiten Lithiums und zwei Drittel des Kobalts). Darüber hinaus wird zunehmend auch bei High-Tech-Produkten eine größere Abhängigkeit sichtbar. So liegt etwa der Marktanteil Europas bei der Fertigung von Halbleitern bei nur rund 10%.

Der Angriff Russlands auf die Ukraine und die Folgen des Kriegs haben darüber hinaus schmerzhaft vor Augen geführt, dass sich allein durch Handel und wirtschaftliche Integration das Weltgeschehen weder politisch noch moralisch in demokratische Fahrwasser lenken lässt. Mit welchem Land kann, darf, soll ein demokratisches Land in welchem Umfang Handel treiben? Mit wem kann und darf es kooperieren? Mit welchen Ländern kann oder soll ein demokratisches Land Bündnisse gegen autoritäre Bestrebungen eingehen? In welchem Umfang soll eine Demokratie landwirtschaftliche Autarkie anstreben oder wieweit darf es sich von autoritären Staaten abhängig machen?

[17] Der Spiegel, 25.6.2022, S. 64.

Schwierige Fragen, mit denen sich die Demokratien der Welt in Zukunft verstärkt auseinandersetzen müssen.

Putins Russland und Xi Jinpings Wirtschafts- und Geopolitik spiegeln einen neuen harschen Zeitgeist in Richtung Autarkie und Abschottung, der sich nicht auf diese beiden Staaten begrenzt. Nicht nur in den USA, sondern auch in Europa wird vermehrt diskutiert, welche Möglichkeiten und Wege der Deglobalisierung gangbar sind, um autarker zu werden und sich von den Abhängigkeiten autokratisch-faschistischer Staaten speziell und der Welt allgemein zu entkoppeln. Die Welt denkt tendenziell weniger liberal und zunehmend nationalistischer. Ein solches Denken kommt rechten autoritär-nationalistischen und populistischen Bewegungen entgegen.

Sind auf diesem Hintergrund der weltweiten Entwicklungstendenzen die Demokratien und ihre sie tragenden Werte noch zu retten und was können die Demokratien dem zunehmenden Autoritarismus und Populismus in der Welt entgegensetzen?

Demokratie ist kein kompaktes, klar umgrenztes Gebilde. Demokratien sind liberal, durchlässig und offen – auch gegenüber Demagogen und sonstigen populistischen Menschenfängern. Ihre Freiheiten sind bis zu einem gewissen Umfang auch die Freiheiten ihrer Gegner, die sich diese für ihre Zwecke zunutze machen. Demokratie ist eine Lebenseinstellung. Sie ist nicht etwas, was man einfach erwerben und in Besitz nehmen kann. Sie ist keine Ware, die man kaufen oder einem Menschen oder einem Land verkaufen oder überstülpen kann. Demokratie ist aufklärende Auseinandersetzung eines jeden mit sich selbst und der gesellschaftlichen, politischen, kulturellen und ökonomischen Umwelt. Demokratie muss man leben, es ist gelebtes Leben. Politik muss Bedingungen dafür bereitstellen, die dieses demokratische Leben ermöglichen, die das Bewusstsein von Moral stärken, und die Gleichheit, Freiheit, Gerechtigkeit, Solidarität und emanzipative Perspektiven für jeden Einzelnen *erlebbar* machen.

Falls es nicht gelingt, das in Krisen oder Umbruchzeiten verlorengegangene Vertrauen in die Politik und ihre demokratischen Institutionen durch entsprechendes politisches Handeln und durch progressive Alternativen aufzufangen und zu ersetzen, und falls die demokratische Idee im Alltagleben nicht mehr erleb- und erfahrbar ist, geht der Glauben an die von Hannah Arendt beschriebene Alltagsideologie verloren. Das ganze Spektrum der rechten Populisten, Autokraten und Faschisten in der Welt schlachtet diesen Vertrauensverlust aus und versucht neue Ängste, Empörung und Wut zu schüren. Die Führer dieser Bewegungen versuchen in der Phase der Unsicherheiten im demokratischen Alltagserleben das Vertrauen in die demokratische Institutionen und ihre Repräsentanten zusätzlich zu erschüttern und Argwohn und Verdächtigungen anzuheizen, die das Vertrauen korrumpieren und so einen Grundpfeiler einer funktionierenden Demokratie unterminieren. Sie bedienen sich der Demokratie, um sie zu zerstören.

Exemplarisch zeigt sich diese Strategie bei der in wesentlichen Teilen faschistischen AfD, indem sie in einem ersten Schritt gesellschaftlich schwierige Situationen in angstbesetzte Krisen ummünzt, für die die Regierung verantwortlich gemacht wird. Hier seien nur drei Stichworte erwähnt. Erstens: Flüchtlingskrise mit der Behauptung von

Umvolkung, sozialem Abstieg, Kontrollverlust und *Verlust von Selbstbestimmung*. Zweitens: *Pandemie und Corona-Krise*, die das Volk angeblich ‚entmündigt und ihrer Freiheit beraubt‘[18]. Drittens: *Inflationskrise* im Zusammenhang mit dem Ukraine-Krieg, die, so wird von der AfD behauptet, von den Eliten ‚*bewusst herbeigeführt wurde, um die Bevölkerung zu verarmen.*‘

Im zweiten Schritt generieren sich diese Bewegungen als die wahren Fürsprecher und Verteidiger des Volkes Meinung, die von den herrschenden Politik und ihrer Eliten unterdrückt wird.

Im dritten Schritt schließlich schwingt sich die neue populistische oder faschistische Elite zum Meinungsträger und Führer auf, die verspricht, die verängstigten Menschen aus der Krise zu führen, von Ängsten zu befreien und allein im Besitz der Wahrheit zu sein.

Blickt man auf die autoritären und faschistischen Staaten in der Welt, kann man unschwer dieses Muster allerorten (insbesondere auch hinsichtlich der Entwicklung zur nationalsozialistischen Diktatur Hitlers) wiedererkennen.

Der Faschismus kam und kommt anfangs mit eher kleinen Schritten daher und untergräbt die Demokratie so, dass der Schmerz des Verlustes an Freiheit zunächst gering erscheint. Faschismus lebt von der Ideologie, dass in der Minderheitenmeinung einer autokratischen Führungselite die Mehrheitsmeinung des Volkes besser aufgehoben sei als in gewählten Repräsentanten. Der faschistische Führer behauptet für das Volk zu sprechen, indem er sein persön-

---

[18] Vgl dazu das Kapitel ‚Reflexionen über ein beschädigtes Leben‘ in diesem Buch.

liches Weltbild verkündet. Faschismus lebt vom Glauben an einen Heilsbringer und eine bessere Zukunft, die nur dieser gewährleisten kann. Um die persönlichen Machtansprüche des Führers (und der ihn unmittelbar unterstützenden Gefolgschaft) zu befriedigen und seine Ziele zu erreichen, ist der Faschist bereit, alle ihm zur Verfügung stehenden Mittel einzusetzen. Er entwickelt sein eigenes System an Rechten, ohne sich um die Rechte anderer zu scheren.

Die tragenden Pfeiler der faschistischen Ideologie sind Angst und Schweigen. Mit Angst regiert es sich leichter. Das weiß seit jeher jeder Faschist aus der Geschichte und macht es sich zunutze. Angst befördert stilles Mitmachen, Apathie, Rückzug in das Private und Gleichgültigkeit. Sie wird wesentlich hervorgerufen durch Unsicherheit, durch ein Gefühl des Ausgeliefertseins und Ohnmacht. Angst tut weh. Der Faschist gibt vor, die Menschen von der Angst zu befreien, die er entfacht hat, und präsentiert sich mit Lösungen als Retter und Heilsbringer, die alle Vielfalt einebnen. Klassische Beispiele hierfür sind der Nationalsozialismus Hitlers und in neuester Zeit der Russofaschismus. Letzteres stützt sich auf Angst und Schweigen und offenbart sich in Putins nationalistischem System mit seinen imperialistischen und territorialen Allmachtansprüchen auf ein russländisches Großreich, das schließlich am 24. Februar 2022 in den Angriffskrieg gegen die Ukraine mündete. „*Ich mische mich nicht in euer Privatleben, ihr mischt euch nicht in meine Regierungsgeschäft*", fordert Putin folgerichtig von seinen Untertanen.

Totalitären Regimen wie Faschismus, Nationalsozialismus und doktrinärer Kommunismus sind gemeinsam ein

System von Vorstellungen, Wertungen und Normen, ein Welt- und Gesellschaftsbild, das absolut gesetzt wird. Der Mensch ist nicht das Maß aller Dinge, sondern nur Mittel zum Erreichen eines übergeordneten, ideologischen Zwecks, von dem im Namen dieses Zwecks Opfer und Leistung, Unterordnung aller persönlichen Ziele bis zur Hingabe des Lebens verlangt wird. Die Entscheidung zwischen Individuum und Gesellschaft fällt in totalitären Regimen stets zugunsten der Totalität der Gesellschaft aus, obwohl, und das ist das verführerische und zugleich perfide, das Wohl des Einzelnen in all diesen Regimen unwahrheitsgemäß immer auf einem goldenen Tablett vorneweg getragen wird. Die Wahrheit des Totalitarismus liegt aber in den Aussagen: Du bist nichts, dein Volk ist alles; Recht ist, was dem Volke dient und der faschistisch definierten Nation nützt; America first; Kampf gegen Umvolkung (AfD) und Juden. Propagiert wird eine Trennung in ‚wir' und ‚sie' und die Dehumanisierung der anderen, wie sie im Anschluss an die Nationalsozialisten auch heute wieder unter anderem bei der AfD in ihren Hassparolen auftaucht. Jeder Fremde ist ein Feind. Am Ende dieser Gedankenkette stehen die KZ-Lager.

Die faschistische Ideologie behauptet: Die Demokratie ist verzichtbar und dient nicht dem Volk, sondern nur noch korrupten und korrumpierbaren Eliten. Wissenschaft, das Rechtssystem, Kultur und Medien sind nicht mehr vertrauenswürdig. Die ethnische Mehrheitsbevölkerung ist ‚Opfer' der Ideologie des Multikulturalismus und der Überfremdung durch importierte fremde Wertsysteme und durch Einwanderung fremder Ethnien. Die Nation kann ihren Bürgern keine Orientierung mehr geben und muss aufbauend auf traditionelle, dem Volk eigentümlichen Werten und zurückgreifend auf historisch verbrämte Mythen zur neuen Nationalen Größe und ethnischen Volksgemeinschaft geführt werden.

Jeder Faschist ist gleichzeitig Populist und ist von alldem absolut überzeugt und zum Kampf für diese Überzeugungen bereit. Jeder Rechtspopulist und autoritäre rechte Politiker ist zumindest in Teilen in diesem Denken von diesen Überzeugungen beeinflusst und trägt sie, oft in verschlüsselter Form, in die Gesellschaft. Jeder kann sich selbst fragen, inwieweit er selbst und in welchem Maße die Politiker, die er wählen soll, und die Gesellschaft und ihre Institutionen von faschistoider Ideologie infiziert sind. Die Strategie aller Faschisten war immer, Demokratie zu simulieren, um sie zu unterwandern und dann abzuschaffen. Demokraten, die auf diese Strategie eingehen, besiegeln ihre Untergang. Deshalb darf man auch mit Faschisten im politischen Raum nicht reden und ihre Stimmen in Parlamenten nicht annehmen (Stichwort: Brandmauer).

Der Populismus ignoriert weitgehend die Komplexität der Realität und Entscheidungsfindung und suggeriert, dass es für komplexe Probleme einfache, leicht verständliche Lösungen gäbe. Erinnert sei in diesem Zusammenhang auch an Hitler, der 1936 seine Popularität so erklärte: »*Nun, ich will Ihnen verraten, was mich in meine Stellung hinaufgetragen hat. Unsere Probleme erschienen kompliziert. Das deutsche Volk konnte nichts mit ihnen anfangen ... Ich dagegen habe die Probleme vereinfacht und sie auf die einfachste Formel gebracht. Die Masse erkannte dies und folgte mir.*« Im Gegensatz zum Konzept der deliberativen Demokratie im Sinne Habermas[19], wo nicht rhetorische Begabung und Lautstärke, sondern der abwägende Verständigungsprozess über ein Problem im Vordergrund steht, an dessen Ende eine kreative Lösung stehen sollte, dampft der Populismus jede komplexe Situation auf ein Ja oder Nein ein, wie das gerade die am populistischen Himmel aufleuchtende Faschistin Giorgia Meloni in Italien demonstriert ("*Es gibt keine Zeit mehr für Kompromisse und Zugeständnisse. Nun ist die Zeit der Entscheidungen. Entweder heißt es JA oder NEIN.*"[20] Populismus konzentriert sich taktisch auf sehr wenige, volksnahe Themen und Thesen, denen die Populisten – so ihre Behauptung – als Einzige ihre legitime und wahre Stimme geben würden. Populisten und Faschisten setzen der Unübersichtlichkeit der Weltverhältnisse nationale Größe entgegen: Ein „*falsches Versprechen der Geborgenheit und Sicherheit in ethnisch, ökonomisch und kulturell geschlossenen Gesellschaften, die von gutwilligen Despoten vor angeblichen Bedrohungen von außen beschützt werden müssen.*“[21]

Diese Taktik lässt sich unter fünf thematischen Schwerpunkten zusammenfassen:

1. Das Volk wird als eine homogene Einheit hypostasiert,

deren Interessengegensätze, die es in den realen modernen Gesellschaften in vielfacher Weise gibt, implizit ge-

---

[19] Vgl. Jürgen Habermas: Ein neuer Strukturwandel der Öffentlichkeit und die deliberative Politik, Suhrkamp 2022.

[20] Spiegel Nr. 38, 17.9.2022, S. 96.

[21] Stephan Hebel in der Frankfurter Rundschau vom 5.10.2022.

leugnet werden. Daraus leitet sich ein (meist radikaler) Nationalismus ab, der die eigene Nation, das eigene Volk, über alle anderen Völker stellt und in eine ausgeprägte Fremdenfeindlichkeit, in Rassismus, Antisemitismus oder Islamo- und Homophobie mündet.

2. Identität: Gemeinschaft durch Abgrenzung.

Identitätspolitik ist zentral für die Agitation der Populisten. Identität wird in der Rhetorik von Populisten dadurch erzeugt, dass man andere aus dieser Gemeinschaft ausschließt. Durch die Abgrenzung gegenüber Dritten wird deutlich, wer vermeintlich zur Gemeinschaft gehört und wer nicht. Wir gegen die da oben (Anti-Intellektualismus, verschwörungstheoretische Denunziation). Ablehnung von Eliten, Parteien und (demokratischen) Institutionen. Diese Eliten werden als abgehoben, korrupt, selbstsüchtig und nur am eigenen Machterhalt interessiert dargestellt. Populisten setzen weiterhin auf Polarisierung, Personalisierung, Moralisierung und Marginalisierung von bestimmten Bevölkerungsgruppen, gleich ob es sich um soziale, kulturelle, religiöse oder sprachliche Minderheiten handelt.

3. Führerprinzip

Ein fast immer anzutreffendes Merkmal des Populismus ist seine Abhängigkeit von charismatischen Führungsfiguren. Kaum eine populistische Partei kommt ohne einen selbsternannten "Volkstribun" aus, der ihr als Gesicht und Aushängeschild dient. Das Führerprinzip folgt einem ausgeprägten Autoritarismus, in dem die Gesellschaft sich an strikten Ordnungsvorstellungen orientieren soll, die um jeden Preis einzuhalten sind (z.B. Todesstrafe, schnellere und härtere Urteile von Gerichten, stärkere Polizeipräsenz). Die Führungsfiguren der Populisten geben vor, sie selbst wüssten besser als alle anderen Politiker, was das Volk will und was dessen Interessen sind. Sie stehen angeblich dafür, diesen vermeintlichen Volkswillen gegen alle Widerstände durchzusetzen, ohne "faule Kompromisse".

4. Die Organisation: Bewegung ≠ Partei

Typisch für Populismus ist, dass er sich oft als Bewegung zu organisieren versucht (Bund, Liga, Liste, Front oder eben Bewegung). Bewegung suggeriert eine tiefe Verwurzelung im Volk und unterstreicht die Rolle des Anführers, der durch sein Charisma die unter Umständen sehr heterogene Gruppe der Anhänger zusammenhält.

5. Rhetorik/politischer Stil

Angebote an einfachen, radikalen Lösungen für komplexe Probleme;

gezielte Tabubrüche, Provokationen und Emotionalisierung (im Sinne des Philosophen Epiktet: Es sind nicht die Dinge selbst, die uns bewegen, sondern die Gefühle und Ansichten, die wir von ihnen haben);

Verwendung von Sprachbildern, die Menschen ausschließen oder angeblich die eigene Identität gefährden (Umvolkung, Asyltourismus, Gesinnungsdiktatur);

Verrohung der Sprache und Schüren von Angst: Flüchtlingswelle, -flut, -tsunami (Vergleich mit Naturkatastrophen, denen wir ungeschützt ausgesetzt sind. Anklang an apokalyptisches Geschehen);

Respektlosigkeit, Diffamierung, Diskriminierung, Bereitschaft, vernichtend mit Personen umzugehen (Volksverräter(in) (Merkel), ‚*Wir werden sie jagen*', so Gauland (AfD) in Erinnerung an die Chemnitzer Vorkommnisse, wo Ausländer gejagt worden sind. Oder O-Ton Weidel (AfD) im Bundestag: „*Die Auffettung der Einwohnerzahl durch zugewanderte Straftäter mit mehrfachen Identitäten scheint Sie überhaupt gar nicht zu stören. Doch ich kann Ihnen sagen, Burkas, Kopftuchmädchen und alimentierte Messermänner und sonstige Taugenichtse werden unseren Wohlstand, das Wirtschaftswachstum und vor allem den Sozialstaat nicht sichern."*

Bagatellisierung/Geschichtsrevisionismus. „*Wir bekennen uns zu unserer Verantwortung für die zwölf Jahre. Aber, liebe Freunde, Hitler und die Nazis sind nur ein Vogelschiss in über tausend Jahre erfolgreicher deutscher Geschichte.*" (Gauland (AfD).

Entlang dieses ideologischen Grundmusters hat der vom Autokratismus und Populismus geprägte demagogische Politikstil, sei es in Europa, sei es in Lateinamerika, Afrika oder Asien, als Ziel, durch Dramatisierung der politischen Lage die Gunst der Massen zu gewinnen und durch entsprechende taktisch ausgerichtete Wahlen und Wahlversprechen ein autoritäres Regime zu etablieren. Charakteristisch dafür ist eine mit politischen Absichten verbundene, auf Volksstimmungen gerichtete Themenwahl und Rhetorik – unabhängig davon, ob das der Wahrheit und der politischen Vernunft geschuldet ist. Dabei geht es um die Erzeugung bestimmter Stimmungen und um die Ausnutzung und Verstärkung vorhandener Stimmungslagen zu eigenen machtpolitischen Zwecken.

Diese Strategie wird implizit unterstützt durch:
fortschreitende Globalisierung und verstärkte Migration und daraus resultierenden;
wirtschaftlichen und kulturellen Verunsicherungen und Ohnmachtsgefühle;

die realen oder befürchteten Abstiegsängste in manchen Teilen der Gesellschaft;
einen Mangel an Zufriedenheit mit Entscheidungsprozessen und politischer Praxis (nicht ausreichend beachtet oder abgehängt werden);
die Furcht vor Kontrollverlust, d. h. nicht mehr Herr im eigenen Land zu sein;
eine diffuse Angst vor Verlust der nationalen Identität und die Abhängigkeitsängste von anonymen Machteliten im In- und Ausland.

Der Populismus und in enger Anbindung daran die Identitätspolitik, die im Kern die Verabsolutierung der eigenen Position darstellt, hat für viele offensichtlich einen verführerischen Reiz, der, wie entsprechende Untersuchungen zeigen, die Demokratien der Welt massiv unter Druck setzt und auszuhöhlen vermag. Populismus ist eine stetige Bedrohung der Demokratie, die kein Selbstläufer ist, sondern der aktiven Unterstützung der Mitglieder der Gesellschaft bedarf. Zum einen, indem die Menschen sich für die oben ausgeführten demokratischen Werte einsetzen und Demokratie leben, und zum anderen, indem sie sich gegen die schleichende Autokratisierung der Gesellschaft zur Wehr setzen und ein politisches Bewusstsein für die populistische Bedrohung entwickeln.

Die Demokratien können auf diesem Hintergrund nur auf Rettung hoffen, wenn die Demokraten den Annäherungsversuchen der Populisten zu widerstehen lernen, wenn sie den Populisten das ideologische Lamm-Fell über die Ohren ziehen und den wahren Charakter ihrer Ziele und des dahinterstehenden Menschenbildes entlarven und dagegen Widerstand leisten. In einer Zeit, in der populistische Bewegungen und Vorstellungen einer 'konstruierten' Wirklichkeit und 'alternativer' Fakten an Boden gewinnen, so die Akademie der Soziologie in ihrem Gründungsaufruf, ist es notwendiger denn je, in der Tradition der Aufklärung nach faktenbasierten und überprüfbaren Erkenntnissen und Einsichten zu streben und diese der populistischen Ideologie entgegenzuhalten.

8 Eine kleine Philosophie der Lüge

Die Lüge im öffentlichen Raum und ihre Folgen

Nichts ist so wahr, nichts ist so unumstößlich und heilig, als dass es sich nicht durch das Mittel der Lüge verändern ließe.

Diese Erkenntnis bildet die axiomatische Grundlage einer Konzeption der Lüge, deren sich notorische Lügner oder eine Gemeinschaft von Lügnern bedient, um die Ordnung der Welt nach eigenen Vorstellungen neu zu arrangieren und zu gestalten. Im Gegensatz zur klassischen Philosophie, die unsere Gewissheit darüber, was die Dinge sind, vermindert, aber unser Wissen darüber, was die Dinge sein könnten, vermehrt (Bertrand Russell), verengt das ideologische Konzept der Lüge den Blickwinkel auf die Welt. Es verspricht subjektive Gewissheiten, wo es keine gibt, und es verengt die Perspektive auf das, was sein könnte.

Die Lüge ist heute zu einer Art Ideologie des Alltags geworden, deren Logik in der Überhöhung der Meinung des einzelnen Individuums und der potenziellen Negierung aller (Rechts-)Normen und allgemein anerkannten gesellschaftlichen Werten wurzelt. Sie zerstört damit die Vertrauenswürdigkeit des institutionellen Systems, das auf Gerechtigkeit, Gleichheit, Freiheit und Solidarität basiert. Diese Werte sind das Versprechen der Demokratie für jeden Einzelnen, das durch die Lüge untergraben wird. Diejenigen, die sich *nicht* für Wahrhaftigkeit und Ehrlichkeit einsetzen, könnten also wissen, worauf sie sich einlassen, wenn sie trotz der Augenfälligkeit des bewusst gesteuerten

Lügensystems, das die Lügner und Lügnerinnen in die Welt zu setzen versuchen, diesen zujubeln und sie wählen.

Immanuel Kant war das Problem der Lüge so wichtig, dass er sich gemüßigt fühlte in Ergänzung zu seinen Ausführungen in der ‚Kritik der reinen Vernunft' seine Argumentationen bezüglich des Verbots der Lüge und der Pflicht zu Wahrhaftigkeit in einem gesonderten Aufsatz mit dem Titel ‚*Über ein vermeintes Recht aus Menschenliebe zu lügen*' zu ergänzen. Darin schreibt er: *Wahrhaftigkeit ist eine Pflicht, die als die Basis aller auf Vertrag zu gründenden Pflichten angesehn werden muß, deren Gesetz, wenn man ihr auch nur die geringste Ausnahme einräumt, schwankend und unnütz gemacht wird.* Kant schlussfolgerte daraus: *Es ist also ein heiliges, unbedingt gebietendes, durch keine Konvenienzen einzuschränkendes Vernunftgebot; in allen Erklärungen wahrhaft (ehrlich) zu sein.*

Kant wandte sich damit auch gegen zweckrationale Ansätze und Auffassungen, die einem am Nutzen orientierten Wahrheitsprinzip den Vorrang geben. Die Pflicht zur Wahrhaftigkeit ist nach Kant unbedingt, weil das Vertrauen in Versprechen einer der Grundsätze ist, die die menschliche Gesellschaft zusammenhält. Anders gesagt, das Verbot der Lüge oder die Pflicht zur Wahrhaftigkeit gilt allgemein, weil sonst die Grundlage jeder Rechts-Gemeinschaft aufgehoben wäre, und die Frage, wann gelogen werden darf und wann nicht, wäre dann der subjektiven Entscheidung unterworfen. Wer letzterem folgt, schließt sich a priori von der Gemeinschaft und jedem normativen Rechtssystem aus. Eine Verständigungsgemeinschaft wie die liberale Demokratie, die auf gemeinsam erarbeiteten und anerkannten Werten basiert, würde funktionsunfähig.

Im ähnlichen Sinn argumentiert auch der Philosoph Jürgen Habermas, wenn er fordert, dass gesellschaftlicher Diskurs nur gelingen kann, wenn neben Herrschaftsfreiheit auch Wahrhaftigkeit und Ehrlichkeit zwischen den Diskursteilnehmer hergestellt sind. Die Hintergründe und der gesamte Kontext einer Handlung oder Aussage sind nicht immer mit vollständiger Sicherheit erkennbar, so dass die Diskursteilnehmer auf die Vertrauenswürdigkeit und Wahrheit der Argumente und Gegenargumente angewiesen sind, um zu einem gemeinsamen abwägenden Urteil zu kommen, das für alle verbindlich sein kann. Da auch die tatsächlichen Folgen einer Handlung ebenfalls nicht in vollem Umfang absehbar sind, bleibt auch jede Entscheidung mit Unsicherheit behaftet. Die freiheitliche, liberale Demokratie bietet deswegen auch keine Gewissheiten und Geborgenheit, sondern muss mit Ungewissheit und Ambivalenz leben, und sie muss immer wieder neu erarbeitet und austariert werden. Liberale Demokratie steht nicht für Zwangsläufigkeit und bedeutet auch nicht das Ende der Geschichte, sondern ist ein auf objektivem Wahrheitsanspruch gegründeter immerwährender Austausch von Argumenten und Gegenargumenten, wie auch ein Abwägen von Vor- und Nachteilen der Folgen einer Handlung, die formal in ein Rechtssystem münden und wechselseitigen Respekt und Kompromissfähigkeit der Gesellschaftsmitglieder zu Voraussetzung haben.

Zu jeder These lässt sich eine Gegenthese aufstellen. Das führt dazu, dass man den Anspruch an gesicherten Erkenntnissen aufgeben muss, was bei Hegel zur dialektischen Konzeption geführt hat. Obwohl der menschliche Geist vom Bedingten nach dem Unbedingten, oder nach den letzten Gründen strebt, muss der Mensch und mit ihm die Menschheit also mit bedingten Unsicherheiten leben, die er nicht bis ins Letzte auflösen kann. Er muss die Ambiguität, Komplexität und Widersprüchlichkeiten seiner selbst und der anderen aushalten. Er muss der Versuchung widerstehen, die Welt nach seinem Dafürhalten gerade zu biegen und der Welt eine Klarheit und Bestimmtheit zu geben, die die Welt wie auch der einzelne Mensch nicht haben. Kant drückt das so aus: Der Mensch ist ein *krummes Holz*, aus dem *nichts ganz Gerades gezimmert* werden kann.

Der Faschismus lügt. Die Wahrheit ist das Herzstück der Demokratie. Wer der Demokratie das Herz herausreißt, muss die Menschen an die Lüge gewöhnen. Es ist zu befürchten, dass wir uns gerade in diesem ‚Gewöhnungsprozess' befinden.

Lügen und alle ihre abgestuften Ausprägungsformen, wie unaufrichtige Sprechakte, Täuschungen, Irreführungen, falsche Versprechen oder jemanden im falschen Glauben lassen, machen es unmöglich, gemeinsame Ziele auszuhandeln und verletzen die formale Möglichkeit der Menschheit nach gemeinsam ausgehandelten Grundsätzen (Recht) zu handeln. Wenn zum Beispiel Trump in den USA oder Wagenknecht vom BSW in Deutschland behaupten, dass ihre Regierungen nichts für den Frieden in der Ukraine tun, ist das eine dem Populismus geschuldete Lüge, da ihre jeweiligen Regierungen (wie wohl auch jeder vernunftbegabte Mensch) durchaus Frieden erreichen wollen. Der Weg dorthin ist jedoch komplex und die Frage stellt sich, unter welchen Bedingungen und zu welchen Kosten Frieden erreicht werden kann. Zu behaupten, Frieden schaffen zu können, ohne offenzulegen, wie man das erreichen will, ist Populismus und lässt die Adressaten in dem falschen Glauben, dass man wüsste, wie ein sofortiger gerechter Frieden in der Ukraine unter Wahrung der Menschenwürde erreichbar sei (oder meinen Trump und Wagenknecht einen Frieden zum Preis der Unterwerfung der Ukraine unter das Herrschaftsgebiet Putins?). Sie müssen auch plausibel machen können, wie man mit Putin über Frieden verhandeln kann. Mit einem Menschen also, der kurz vor dem russischen Angriff auf die Ukraine einem deutschen Kanzler ins arglose Gesicht gelogen hat, keinen Angriff auf die Ukraine zu planen.

Die äußeren Lügen, aber auch innere Selbstlügen, fügen der Menschheit insgesamt enormen Schaden zu, indem sie nicht nur Wahrheiten nach Gutdünken leugnen und verbiegen, sondern insbesondere auch dadurch, dass sie das Recht als Quelle moralischer Regeln und Normen aushöhlen und es dem Willen eines einzelnen Menschen unterordnen, wie das in jeder Diktatur der Fall ist. Die inflationäre Ausbreitung von Lügen in all ihren bereits genannten Abstufungsformen in Diktaturen und autoritär-populistischen Staaten, aber auch zunehmend in demokratischen Staaten mit ihrer inflationären ‚Lügenkultur', die in vielen Social-Media-Kanälen, rechtsradikalen und Querdenker-Milieus und verschiedenen Zirkeln von Verschwörungstheoretikern zu beobachten ist, führt zur weltweiten Aufweichung des Wahrheitsgebots. Die Folge ist, dass einerseits wahrhaftige Aussagen und Vernunftargumente keinen Glauben mehr finden, und dass andererseits auch das Rechtssystem aufgeweicht wird und die auf Recht basierenden Verträge und Rechtsregeln weltweit ihre normative Kraft einbüßen. Die normative Ordnung, auf der die Staatengemeinschaft angewiesen ist, verliert an Verbindlichkeit und öffnet der Willkürherrschaft die Tore.

Man kann es nicht genug betonen, eine demokratisch verfasste und funktionierende Gesellschaft, in der alle Gesellschaftsmitglieder an dem Zustandekommen von normativen Regeln und Rechtsgrundsätzen zu egalitären Bedingungen beteiligt sind, stützt sich auf das Vertrauen, dass diese moralischen und normativen Regeln beachtet und eingehalten werden. Die Interpretation und Anwendung des Rechts kann und darf nicht der Willkür Einzelner unterliegen. Dies gilt gerade auch in Konfliktsituationen. Zu denken ist hier zum Beispiel die bedeutsame Frage eines Widerstandsrechts, oder bei der Anwendung des Rechts im Rahmen staatlichen Handelns der Polizeiorgane: Darf zum Beispiel ein Polizeibeamter Folter als bewusst vorgebrachte Lüge zum Zweck einer Geständniserzwingung androhen, wenn er meint, dadurch ein Menschenleben retten zu können, wie das in dem spektakulärem Entführungsfall von Jakob von Metzler in Frankfurt geschehen ist? (Ein justizieller Untersuchungsausschuss hatte ein solches Vorgehen damals als nicht legitim beurteilt).

Diktatoren und autokratische Populisten instrumentalisieren für sich die Lüge, um mit deren Hilfe die Welt in ihrem Sinn zu verändern und zu manipulieren. Nahezu ausnahmslos sind dies machtbewusste, autoritäre und ausgeprägt narzisstische Charaktere, die zur Selbsttäuschung neigen und deren eigenliebige Selbstprüfung sie blind für eine notwendige Korrektur macht. Sie wollen anderen eine Wahrheit verkaufen, die der narzisstischen Eigenliebe entsprungen ist, welche diese Wahrheit bereits in eine Selbstlüge transformiert hat. Sie sind unfähig und nicht willens die Wahrheit zu erkennen und zu transportieren. Hier bewahrheitet sich, dass nur der, der eine Wahrheit verfolgt, die größer ist als er selbst, die Chance hat, sie zu finden. Die innere Lüge, genährt von der Selbstliebe, die ihn daran hindert über sich hinauszusehen, entzieht dem Menschen die selbst-reflektive Kraft, aus der allein sich Vernunft und Wahrheit entfalten können. Der autoritär-narzisstische Charakter bleibt so in seinem selbst gesponnenen Gewebe aus Lügen, Fake News und unerfüllbaren Versprechen verfangen, und mit ihm auch die ihm bedingungslos folgenden fanatisierten Bewunderer. Die Maxime seines Handelns sind nicht danach ausgerichtet, Grundlage für ein allgemeines Gesetz zu werden (wie das Kant forderte), vielmehr ist sein Kerngedanke, Wahrheiten zu relativieren und mit dem Instrument der Lüge selbstgefälligen Geltungsansprüchen und Machtansprüchen zum Durchbruch zu verhelfen.

Diktatoren, Despoten und autokratische Populisten greifen in immer mehr Staaten der Welt nach der Macht oder versuchen ihren Einfluss auf das nationale und internationale Geschehen zu mehren. Der Rückfall in den Faschismus und damit verbunden die Ideologie der Lüge und ihrer verschiedenen Ausprägungsformen spannt sich als Mittel der Politik wie ein klebriges Spinngewebe über die Menschheit und ebnet der Willkürherrschaft den Weg. Sie spaltet die Gesellschaft, untergräbt die Würde des Menschen und vergiftet mit der der Lüge innewohnenden Logik

(Individualisierung, Willkür, Emotionalisierung, tendenzielle Negation von gemeinsamen Normen und Werten) über die Politik hinaus auch zunehmend das Alltagshandeln der Menschen. Was lange Zeit als unvorstellbar erschien, ist heute greifbare Realität. Putins Russofaschismus, der Wahlsieg der Postfaschistin Meloni in Italien, Le Pens Erfolge in Bezug auf „Mainstreaming des Rechtsradikalismus" (Jan Werner Müller) in Frankreich, Orbans illiberale Demokratie in Ungarn, die Wahlerfolge der AfD in Deutschland, das Comeback der FPÖ in Österreich, Mileis autokratisch-libertärer Kreuzzug in Argentinien, Xi Jinpings Überwachungsorgien in China, die Wiederwahl Trumps in den USA.

Es lohnt einen genaueren Blick auf den Protagonisten eines autoritär-narzisstischen Populisten und Lügners, verkörpert in der Person von Donald Trump, zu werfen, über den der renommierte amerikanische Schriftstelle Jonathan Franzen in diesen Tagen (August 2024) in einem Interview sagte: *Er sei ein begnadender Lügner, aber ein schlechter Geschichtenerzähler: ohne Empathie, ohne Raum für Komplexität, ein Verfasser von Schundromanen, in denen es nur Helden und Schurken gebe*. Die neuzeitliche Erfolgsgeschichte der Lüge in den USA, deren Auswirkungen wir heute beobachten und erleiden, begann im Jahr 2016 mit der ersten Wahl von Trump zum Präsidenten der USA, einer Weltmacht, deren Einfluss auf die Welt auch heute noch enorm ist und deswegen eines detaillierteren Augenmerks würdig ist.

Die Washington Post hatte sich während des Wahlkampfes die Mühe gemacht, die öffentlich geäußerten Unwahrheiten von Trump von seinem Amtsantritt am 20. Januar 2017 bis zu den Wahlen am 3. 11. 2020 zu zählen. Sie kam zu dem Resultat, dass er in dieser Zeit mehr als 22.000 irreführende oder falsche Behauptungen und Lügen auf seinem 'Lügen-Konto' angehäuft hat. Eine imponierende Zahl, die damals noch leichthin mit ungläubigem Kopfschütteln zur Kenntnis genommen worden war. Doch gemessen an den heute von Trump und seinen republikanischen Ziehsöhnen und -töchtern in Umlauf gebrachten unwahren Aussagen und Behauptungen erscheint die damalige Zahl an Lügen heute eher lächerlich klein. Mir ist kein aktuelles Lügenkonto von Trump-Äußerungen bekannt. Allein wegen deren Quantität dürfte es für jeden wohl auch unzumutbar sein, die Anzahl der Lügen aus Trumps Reden, Tweets und sonstige öffentlichen Äußerungen zu extrahieren und in entsprechende Zahlenwerke zu kleiden. Man nimmt seine Lügen, Beschimpfungen, Beleidigungen, Drohungen und apokalyptischen Analysen des Geschehens in den USA und der Welt heute eher achselzuckend zur Kenntnis, mit der resignierenden Bemerkung „so ist Trump halt“, und meint damit gleichzeitig: seine Art sich zu äußern, Lügen in die Welt zu setzen, ist Normalität geworden.

Nach neuesten wissenschaftlichen Untersuchungen spricht der Mensch im Durchschnitt 16.000 Worte pro Tag. Und gesichert ist auch, dass Narzissten deutlich mehr als der durchschnittliche Mensch sprechen. Wie viele Wörter, die Trumps Mund verlassen, sind Bestandteile von Lügenmärchen, falschen Behauptungen, berechnenden Diffamierungen, Beleidigungen, die nichts anderem als der Befriedigung seiner narzisstischen Bedürfnisse und seinen

Machtgelüsten dienen? Und nicht nur die Quantität, sondern auch die Dreistigkeit der Lügen nahm seit Trumps Erscheinen auf der politischen Bühne zu. In einem seiner Tweets am Mittwochmorgen, vor der aufrührerischen Kundgebung vor dem Weißen Haus schrieb Trump am 5.1.2021: *„Sie haben gestern Abend zufällig 50.000 Stimmzettel gefunden. Die USA werden von Dummköpfen blamiert. Unser Wahlprozess ist schlimmer als der von Dritte-Welt-Ländern!*" Erinnert sei auch an seine Rede am 6. Januar 2021 vor dem Weißen Haus, wo er zum Aufruhr aufrief: „*Unser Land hat genug. Wir werden es nicht mehr akzeptieren, und darum geht es hier. Um einen beliebten Begriff von euch zu verwenden, den ihr alle erfunden habt: Wir werden den Diebstahl stoppen. Heute werde ich nur einige der Beweise darlegen, die zeigen, dass wir diese Wahl gewonnen haben, und wir haben sie in einem Erdrutschsieg gewonnen ... Wir werden nicht zulassen, dass sie eure Stimmen zum Schweigen bringen ... Wir werden niemals aufgeben, wir werden niemals die Niederlage einräumen. Man gibt sich nicht geschlagen, wenn Diebstahl im Spiel ist.*" Den Beweis des Diebstahls blieb Trump schuldig. Bis heute hält Trump und mit ihm der größte Teil seiner republikanischen Gefolgschaft an der Diebstahlslüge fest. Trump, sein Vizepräsidentschaftskandidat J. D. Vance und seine emotions- und wutgeladene republikanische Gefolgschaft sind Gefangene ihrer selbst gewebten Lügengespinste, deren fragile Konstruktion bis zum heutigen Tag nur durch eine Dauerschleife immer wiederholter äußerer und innerer Lügen zusammengehalten werden kann. Allein während einer einzigen Pressekonferenz am 15. August 2024 in Badminster in der Nähe von New York hat Trump zwanzig Mal die Unwahrheit gesagt, so ein anwesender Journalist.

Der autokratische Narzisst Trump ist unfähig zu einem Gespräch, in dem Gedanken sich verflechten, in dem man das möglicherweise Gemeinsame erkunden und eine solidarische Lösung finden will. Er sucht nicht den Diskurs, sondern führt selbstgefällige Monologe, die seinem narzisstischen Charakter genügen, nicht aber einem Wahrheitsanspruch. Auf diese Weise hat er in den vergangenen acht Jahren das Land vergiftet und an den Rand eines moralischen Abgrunds geführt. Je unverschämter, narzisstischer, verlogener und hasserfüllter, rassistischer und frauenfeindlicher Trump sich präsentiert, desto mehr jubeln ihm seine Anhänger bedingungslos zu. Es scheint so, als ob kein Betrug, kein Prozess, keine enttarnte Lüge, kein Verrat, keine Fehleinschätzung einer politischen oder ökonomischen Situation ihm etwas anhaben könne. Das Konzept der Lüge hat sich in den USA in den vergangenen Jahren bei einem beträchtlichen Bevölkerungsteil etabliert und droht nun, da Trump die Wahlen gewonnen hat, zu einem institutionalisierten Bestandteil der USA-Politik zu werden, mit verheerenden Folgen auch für die Demokratien und das demokratische Bewusstsein der Menschen weltweit. Und genauso erschreckend ist, dass sich der Widerstand gegen Trump und seine politischen Ankündigungen seit seiner Wiederwahl 2024 praktisch in Luft aufgelöst hat. Die Präsidentschaftskandidatin Harris und der noch amtierende Präsident Biden sind im Schatten von Trump verschwunden. Hatten bei seiner ersten Wahl noch Hunderttausend gegen ihn protestiert, so ist heute alles ruhig und die Anzahl der Menschen, Institutionen und Medien, die Trump schon vor seiner Amtsübergabe mit vorauseilender Unterwerfung huldigen, werden immer zahlreicher.

Das ideologische Gespinst von Lügen, Falschinformationen, wirtschaftlicher und politischer Inkompetenz und abgründiger Dummheit hat die Welt infiltriert und auch Deutschland nicht verschont. Es hat bei Rassisten, Verschwörungsideologen, Ignoranten, Antisemiten, dem rechtsradikalen Milieu und linken und rechten Populisten hierzulande einen humusreichen Boden gefunden. Die der Lüge innewohnende Logik hat auch in Deutschland, oft populistisch verbrämt, Früchte getragen und Lügen und falsche Behauptungen hoffähig gemacht. Ungeniert verbreiten sie sich in den sogenannten sozialen Netzwerken, werden geliked, geteilt und bejubelt. Unreflektierte persönliche Meinungen geistern durch die Lande, als seien es geprüfte und überprüfbare Tatsachen oder ‘hard facts‘, die aus einer seriösen Analyse hervorgegangen sind.

So kann der faschistische Vorsitzende der Thüringischen AfD, Björn Höcke, auf einer Wahlkampfveranstaltung am 14. Juli 2019 behaupten: „*Die sogenannte Einwanderungspolitik, ist nichts anderes als eine von oben verordnete multikulturelle Revolution, die nichts anderes bezweckt als die Abschaffung des deutschen Volkes*.“ Und die Zuhörer und seine Wähler und zuweilen auch Wählerinnen klatschen zustimmend. Björn Höcke und seine Gesinnungsgenossen untergraben das Vertrauen, das wichtigste Kapital der Demokratie, und prangern die Kompromissfähigkeit als Schwäche der liberalen Demokratie an. Jedes Mittel ist dazu recht, die Atmosphäre zu vergiften und die Spaltung voranzutreiben. So fordert sein Gesinnungsgenosse Götz Kubitschek: *Politik und Bürger müssen einander noch fremder werden.* Höcke hofft auf die schockartig eintretende katastrophale Krise, sodass etwas anderes als ein Rechtsruck für die Wähler nicht mehr in Betracht käme. „*Am Tag danach beginnt*“, so Höcke, „*der Kampf um die neue Ordnung*“.[22] Manfred Klein-Hartlage, dessen Buch „*Systemfrage. Vom Scheitern der Republik und dem Tag danach*“ Höcke als messerscharfe Analyse lobt, bläst in das gleiche Horn und behauptet, dass „*die BRD sich schleichend in ein totalitäres Staatswesen umwandelt ... Wahlen bringen keine Änderung mehr, deshalb seien andere Akteure gefragt ... um den Rechtsruck auszulösen.* Die Lügen-Suada *der* AfD und Höcke überflutet die politische Bühne. So unterstellt er der US-amerikanischen Regierung, Deutschland „*den wirtschaftlichen Selbstmord*“ befohlen zu haben, er behauptet, die Flüchtlingskrise führe zur „*Umvolkung*“, “*sozialem Abstieg*“, „*Kontrollverlust*“ und „*Verlust von Selbstbestimmung*“; die Inflationskrise im Zusammenhang mit dem Ukraine-Krieg werde von den Eliten „*bewusst herbeigeführt*“, um „*die Bevölkerung zu verarmen*“, und spricht von Deutschland als einer „*Diktatur*“. Der Vertreter des rechtsextremen Flügels, Harald Weyel, der dank Höcke Mitglied des Bundesvorstands der AfD wurde, sagte in einem internen Gespräch zu der Gas-Krise, dass sie „*hoffentlich*“ schwerwiegend werde, da man „*die AfD nicht brau-*

[22] In das gleiche Horn bläst die AfD-Vorsitzende Alice Weidel, die sich auf dem Parteitag in Riesa 2025 mit Bezug auf die SA-Parole ‚Alles für Deutschland‘ mit der toxischen Parole ‚Alice für Deutschland‘ frenetisch bejubeln ließ, und verkündete: *Wenn wir am Ruder sind, reißen wir alle Windkraftwerke nieder* und *wir werden Platz schaffen für neue Tätigkeiten* (z.B. unter anderem Entlassung von nicht genehmen ProfessorInnen).

che, wenn's nicht dramatisch wird." Diese infamen Sätze gelangten nur in die Öffentlichkeit, weil das Mikro offen war. Sie versinnbildlichen die Lügen-Strategie. Alarmismus ist Pflicht und die Lüge ist das geeignete Instrument, um die rechtsradikalen Ziele zu erreichen.

Die Republikaner in den USA und die Anhänger der AfD in Deutschland stehen mit dieser Strategie nicht allein in der Welt. Alle Diktaturen, Autokraten und autoritären Populisten nutzen skrupellos jedes sich ihnen bietende Lügen-Narrativ. Sie alle ignorieren weitgehend die Komplexität der Realität und Entscheidungsfindung und suggerieren, dass es für komplexe Probleme einfache, leicht verständliche Lösungen gäbe. In Form einer Empörungsdiktatur sind die Narrative und der Sprachduktus der autoritär-populistischen Führer und ihrer bedingungslosen Gefolgschaft in der Gesellschaft eingesickert und haben begonnen, die Debattenkultur zu verseuchen. Hass und Hetze, Lügen, Gerüchte und Falschmeldungen verbreiten sich dank entsprechender Logarithmen rasend schnell. Im Gegensatz zum Konzept der deliberativen Demokratie (Habermas), wo nicht rhetorische Begabung und Lautstärke, sondern der abwägende Verständigungsprozess über ein Problem im Vordergrund steht, an dessen Ende eine kreative Lösung stehen sollte, dampft der autoritäre Populismus mit seinem verengten Blickwinkel jede komplexe Situation auf ein Schwarz oder Weiß ein.

Zum gelingenden Diskurs in einer deliberativen Demokratie gehört Toleranz, innere und äußere Wahrhaftigkeit, Vertrauen, Kompromissbereitschaft und Solidarität – im Sinne von Einsatz für ein Staatswesen oder einem Kollektiv, dem man sich verbunden fühlt. Dazu muss die postfaktische Politik und das darin eingeschlossene Konzept der Lüge als Mittel der Politik oder allgemein, als Mittel, eigene Ziele durchzusetzen aus der Gesellschaft so weit wie möglich verbannt und tabuisiert werden, wenn wir nicht in den Abgrund stürzen wollen.

Die Pulitzer-Preisträgerin Anne Applebaum drückte ihre Befürchtungen in ihrem Zeitungsartikel mit dem Titel ‚*Ähnlich wie in den 1930er-Jahren*' so aus: „*Wir alle sollten besorgt sein. Es droht ein neues, anderes Europa: finster und intolerant. Ich kann mir ein Europa vorstellen, das extrem intolerant wird und damit beginnt, Leute aus dem Land auszuweisen, die nicht einheimisch sind. Ein Europa, in dem an vielen Orten die Demokratie endet. Ich kann mir noch mehr Einparteienstaaten vorstellen, wie es ihn in Ungarn faktisch schon gibt. Die Techniken dafür sind jetzt bekannt ... Wir haben noch nicht begriffen, dass wir jetzt gemeinsam kämpfen müssen, um unser politisches System zu retten.*"

9 Identität und Differenz

Plädoyer für eine offene Gesellschaft

Der substanzielle Kern aller rechtspopulistischen und autokratischen Ideologien und Identitätsvorstellungen basiert auf der Annahme, dass der Mensch wesentlich durch seine Zugehörigkeit zu einer völkischen Gemeinschaft bestimmt wird. Diese Zugehörigkeit wird in dieser Denkweise nicht nur durch Staatszugehörigkeit definiert, sondern ergibt sich aus der je spezifischen Volksgruppe (Ethnie), in die jemand hineingeboren wurde. Jedes Individuum wird mit seiner Geburt Mitglied in einer schicksalsbestimmenden Gemeinschaft und erlangt dadurch seine durch Historie und Tradition dieser Gemeinschaft bestimmte Wesenheit (Volksseele, Volkskultur, Volksempfinden). In einer solchen völkisch bestimmten Identitätsvorstellung werden die komplexen Lebenswelten und die jeweils individuellen Lebensentwürfe, die sich potenziell innerhalb einer Gesellschaft entfalten können, zurückgedrängt und dem national-völkischen Kollektiv untergeordnet. ‚Historische Vergangenheit‘, ‚Kulturelles Erbe‘ und ‚genuine Traditionen‘ erschaffen, so die Apologeten dieser populistisch-faschistischen Ideologie, einen ‚typischen Volkscharakter‘, der eng mit einem spezifischen geographischen Lebensraum verbunden sei.

Diese gegenwartsbeherrschende Identitätsvorstellung der Rechtspopulisten in Deutschland (und anderswo) folgt einer Logik, die zu einer Reduktion von Komplexität und zu einer Differenzen einebnenden Homogenisierung der Binnenstruktur der Gemeinschaft führt. Bestätigung und Stabilisierung des ‚Eigenen‘ durch Ausschluss des ‚Anderen‘, alles Fremden und Nicht-Dazugehörigen. Das ‚Eigene‘ muss entwickelt und gestärkt und vor dem ver- und zerstörenden Einfluss des Fremden geschützt werden. Der Einzelne soll sich so in eine überschaubare, Nähe vermittelnde Gemeinschaft eingebunden fühlen, in der er seinen (Lebens-)Sinn finden und seine dem Volkscharakter entsprechende Identität entwickeln kann. Die völkische Wesenheit spiegelt im Kern das, was seine Nation, seine Ethnie ausmacht und durch Abstammung übertragbar ist.

Feindbilder und Abgrenzungsmöglichkeiten, die unter den Kampfbegriffen ‚Multikulturalismus‘, ‚Remigration‘, ‚Zerstörung der traditionellen Geschlechterrollen und Familie‘ in der Gesellschaft kursieren, dienen dazu, einerseits das Zusammengehörigkeitsgefühl zu konsolidieren und andererseits die Eigenkomplexität zu reduzieren, indem bestimmte Lebensweisen und Wertvorstellungen als wesensfremd und elitäres Denken und Verhalten diffamiert werden. Ziel ist, in dem komplexitätsreduziertem Binnensystem eine scheinbar heile, konfliktfreie Welt zu etablieren, die, wie es in dem Manifest der Identitären Bewegung Deutschlands (IBD) heißt, sich auf Werte wie Tradition, Heimat, Familie, Kultur, Volksstaat, Ordnung oder Sicherheit stützt. Eine ideale Welt, in der jedes Mitglieder dieser Gemeinschaft, fremder Kontrolle entzogen ist, Orientierung finden, sich geborgen, verstanden und geschützt fühlen kann – gereinigt und abgeschirmt von allem Unbekannten, allem undurchschaubaren und irritierenden Fremden.

Gegründet wurde die Identitäre Bewegung (*IB*) ursprünglich 2003 in Frankreich von der rechtsextremen Gruppe ‚Bloc identitaire‘. Ende 2012 entstand auch in

Deutschland eine völkische Gruppierung neurechter und rechtsextremer Aktivisten, die die Theorie des Ethnopluralismus, die insbesondere von Martin Sellner, dem ideologischen Kopf der Identitären Bewegung in Österreich vertreten wird, propagieren. Entsprechend dieses ideologischen Konzepts werden Ethnien jeweils getrennt nach Zugehörigkeit zu einem geschlossenen, ethnisch homogenen Kulturkreis definiert. Dem Selbstverständnis der ‚Identitären' nach sind sie Verteidiger der ‚abendländischen Kultur', die in erster Linie vom Islam und der abendländischen Kultur wesensfremden Ethnien sowie anderen globalen Einflüssen bedroht wird. Sie kämpfen für eine ‚kulturell-geistige Revolution' und sehen sich als Gegenbewegung zum demokratischen Liberalismus.

Die Grundzüge rechtspopulistischer Ideologien haben sich nicht nur in der rechten Szene Deutschlands, insbesondere der rechtsextremen AfD und ihrer Jugendorganisation, sondern europa- und auch weltweit ausgebreitet. Diese Bewegungen bilden ein dichtes Netzwerk, das die liberalen Demokratien nachhaltig untergräbt und bedroht.

Das Konzept einer homogenen, geschlossenen Gesellschaft, das alle Formen ethnischer, religiöser, sozialer, kultureller und ökonomischer Ausschlüsse und Abgrenzungen einschließt, führt zwangsläufig zu Rassismus und religiöser (Antisemitismus, Islamophobie) und sozialer Diskriminierung (wertvolle versus minderwertige Menschen). Es stellt die bestehenden Werte, Umgangs- und Lebensformen, die dem demokratischen Prinzip von Pluralität und Heterogenität, sowie Toleranz und Akzeptanz von Minderheiten folgen, in Frage und stellt dem demokratischen Prinzip das der Homogenität, der Wesensgleichheit einer ethnologischen oder rassischen Gruppe entgegen, das per se Intoleranz und Nichtakzeptanz gegenüber dem ‚Anderen', dem Ausgeschlossenen impliziert.

Wegen der Unmöglichkeit die Grenzen sozialer Systeme exakt ziehen und im Zeitablauf konstant halten zu können, ist der ideologische Überbau des Identitätskonzepts prekär und instabil. Das ‚soziale Eigensystem' muss permanent durch willkürliche Normsetzungen und ethische Wertmaßstäbe, durch das Versprechen, bessere Lebensverhältnisse herbeiführen zu können, durch verbindende Ritualisierungen, Lebensentwürfe und Verhaltensvorschriften stabilisiert und mithilfe entsprechender autoritär verordneter Narrative gestützt werden. Das führt in Konsequenz zum autokratischen, nationalistischen Staat ohne eine Struktur interner Kontrollmechanismen, ohne Opposition, ohne funktionierenden Rechtsstaat, ohne Transparenz, ohne freie Medien, wo insbesondere auch Komplexität immer weiter reduziert wird und so im Zeitablauf immer weniger kompatibel mit den umgebenden komplexeren sozialen Systemen (Staaten/Nationen) ist. Das totalitäre soziale System verliert an Problemlösungskompetenz und kann nicht mehr angemessen auf innere und äußere Konflikte reagieren, was wiederum zu einer verstärkten Repressivität der Eigengruppe und gegenüber Andersdenkenden führt – eine sich unaufhörlich drehende Spirale, die allen autokratischen und faschistischen Staaten gemein ist.

Wer das autokratische oder faschistische Binnensystem stört oder zu zersetzen versucht, muss bekämpft werden – nach innen und nach außen. Die Arena des Kampfgeschehens ist mehrfach in diesem Buch beschrieben worden und hinlänglich bekannt. Ein solches Konzept der willkürlichen Setzungen und Aus- und Abgrenzungen ist mit Demokratie unvereinbar. Wer Gesetzgebung demokratisch nicht legitimierten Institutionen und Politikern, die nur ihrer Ideologie verpflichtet sind, in die Hände gibt, und wer die Befolgung von Gesetzen der Gewissensprüfung Einzelner anheimgibt, endet bei der Demontage des demokratischen Staates und führt direkt in den Faschismus.

Wenn Björn Höcke[23], der die AfD entscheidend prägt, auf einer Wahlkampfveranstaltungen (so am 14. Juli 2019) behauptet, dass die sogenannte Einwanderungspolitik, nichts anderes als eine von oben verordnete multikulturelle Revolution ist, die nichts anderes bezweckt als die Abschaffung des deutschen Volkes, und wenn derselbe sagt, dass ‚*am Tag danach*' (nach der Wahl der AfD zur führenden Partei) der Kampf um die neue Ordnung beginnt, sollten wir, die Wählerinnen und Wähler, das ernst nehmen. Wer also die AfD wählt, kann, wenn er den Mut hat, seinen Verstand zu bemühen, wissen, was er tut. Jeder Wahlakt verlangt von jedem Wähler und jeder Wählerin verantwortliches Handeln. Es gibt für keinen, der die AfD wählt eine Entschuldigung. Jeder muss wissen, dass er mit der Wahl die Axt an die Wurzeln der Demokratie legt – dies gilt auch dann, obwohl die AfD (noch) nicht verboten ist.

Der Rechtspopulismus in Deutschland, der die identitäre Konzeption in sich aufgesogen hat, zielt nicht auf demokratischen Wandel und Reformen innerhalb des demokratischen Staatsgefüges, sondern offen und unverschleiert auf

---

[23] Vgl. zu Höcke auch ausführlich in Kapitel 8 ‚Eine kleine Philosophie der Lüge'.

Auflösung der rechtsstaatlichen Verfasstheit des Staates und damit in Konsequenz auf die Abschaffung der liberalen Demokratie zugunsten eines homogenen rassistischen Staates, was viele einflussreiche Rechtsradikale der AfD in ihren Reden, Manifeste und Büchern auch in keiner Weise bestreiten.

Demokratie und ‚Demokratische Identität', die sich darin konstituiert, ist ein fundamentaler Gegenentwurf zu der faschistischen und rechtspopulistischen Ideologie. Demokratie stützt sich auf gesellschaftliche Diskurse, in denen ausgehandelt und reflektiert wird, wie wir leben wollen, sowie auf demokratisch legitimierte Mehrheitsbeschlüsse. Demokratie respektiert die Verschiedenheit und Vielfalt der Subjekte dadurch, dass jede Person einen gleichbedeutenden und gleichberechtigten Einfluss (Wahlen) auf politische Entscheidungen und damit seinen gesellschaftlichen Handlungsrahmen hat. Liberale Demokratie zusammen mit dem Prinzip des Minderheitenschutzes ermöglicht nicht nur die Entfaltung diverser subjektiver Lebensentwürfe, sondern auch stabile, dem dynamischen Wandel der Gesellschaft adäquate und zukunftsfeste Identitätsbildungen sowohl der Subjekte in der Mehrheitsgesellschaft als auch innerhalb der Minderheitengruppen und zwischen Minderheits- und Mehrheitsgruppen.

Wenn es richtig ist, dass das Kernproblem der personalen Identität in der Fähigkeit des Ichs liegt, angesichts des gesellschaftlichen Wandels und der subjektiv erfahrbaren wechselnden Schicksale Gleichheit und Kontinuität aufrechtzuerhalten, wie das der Sozialpsychologe Erikson formuliert hat, so ist nicht die rückwärtsgewandte Ausgrenzung und Abschottung, sondern die zukunftsgerichtete Dynamik innerhalb der Gruppen wie auch die Durchlässigkeit zwischen den Gruppen konstitutiv für Identitätsbildung. Und zwar dadurch, dass die Menschen sich selbst aus ihrer biografischen Entwicklung heraus in ständiger Auseinandersetzung mit ihrer sozialen Umwelt wahrnehmen und verstehen und so ihre Wesenheit (Identität) entwickeln. Diese Identitätskonstitution verlangt die Reflexion des eigenen Selbst mit den Rückmeldungen des sozialen Umfelds und darüber hinaus die Notwendigkeit einer Ausbalancierung von Kontinuität und Veränderung in der eigenen Person.

Im Menschen spiegelt sich aufgrund seiner biologischen Konstitution als auch aus dem interaktiven Prozess heraus das ‚Ganze' im ‚Besonderen' (was Hegel als ‚Weltgeist' ausformuliert hat). Das Individuum ist sowohl einzigartig als auch in Teilen gleich mit anderen Individuen und verkörpert in diesem Gleichsein die gesamte Menschheit in sich. Nur so vermag der Mensch sich in der Auseinandersetzung mit anderen Menschen und der Welt als handlungsmächtig erleben. Identitätskonstitution ist ein dynamischer Prozess, die im Vertrauen auf die eigene Kompetenz unter wechselnden Lebensbedingungen ein Leben lang immer wieder neu angepasst werden muss.

Ich bin nicht Du. Doch jedes Ich ist vom Du beeinflusst und geprägt. Das Wesen des Ichs ist nicht gegeben (zum Beispiel durch die Ethnie), sondern muss sich in seiner ergreifenden und entwerfenden Existenz entwickeln, in Kommunikation mit anderen und im reflexiven Gespräch mit sich selbst. Nichts im eigenen Dasein ist gegeben. Alles ist veränder- und formbar. In einer so begriffenen Existenz gibt es keine Haltungen, keinen Zustand, keine Begehren, kein Sein, welche dem Zugriff bewusster Selbstbestimmung prinzipiell entzogen sind. Das Subjekt ist zu selbstbestimmten Handeln, zur Freiheit der Wahl[24] verurteilt, um zu werden, was es sein wird. Oder wie Sartre sagt: Die Essenz (das Wesen) folgt der Existenz. Ich bin, sagt Ernst Bloch in seiner Tübinger Einführung in die Philosophie, aber ich habe mich nicht, ich werde erst. Der Mensch wird aus sich heraus, was er aufgrund seiner körperlichen und geistigen Ausstattung werden kann und wozu er den Willen hat, zu werden.

Diesem Wollen stehen Kräfte entgegen, die er überwinden muss, um werden zu können, was er will. Da der Mensch in seinem Kern ein soziales Wesen ist, ist der Grad seiner Freiheitspotenziale mit allen anderen Mitmenschen verknüpft. Das menschliche Bewusstsein ist geprägt durch sein Angewiesensein auf andere Menschen, durch die von der menschlichen Gemeinschaft hervorgebrachte geschichtliche Welt und durch seine ihm gegebene Sinnlichkeit, seine Erfahrung und Anschauung. Der Mensch ist in seiner Geschichtlichkeit und durch die Interaktion mit anderen Menschen kein in sich selbst eingeschlossenes System. Der Mensch ist nicht durch sich selbst, so Jaspers. Die Offenheit des Menschen ist ein Signum seiner Freiheit (im Gegensatz zum Tier und der Ideologie der Rechtspopulisten und Faschisten), und diese Offenheit kann er nur in einer offenen Gesellschaft zur Geltung bringen. Der Mensch

---

[24] Vgl. zur Freiheit der Wahl und des Urteilens das Kapitel ‚Die Freiheit des Willens‘ in diesem Buch.

muss suchend und versuchend erst werden, was er sein kann.

Die Überwindung der gesellschaftlichen Widersprüche und Dissonanzen und die erfolgreiche Bewältigung von Widerständen oder Konflikten ist tätige Erfahrung und wird vom Organismus belohnt durch positive Rückkoppelung und ‚Wohlempfinden', das in unserem Bewusstsein präsent ist. Diese Erfahrung ist jedoch keine Invariante, die sich immer gleich ereignet, sondern ein dynamisches Ereignis, ein permanentes Gespräch, in dem diese fortlaufend verändert wird. Als inneres und als äußeres Gespräch mit der Umwelt trägt diese Welterfahrung nicht nur zur Stabilität des Menschen bei, sondern sichert durch Teilung der akkumulierten Erfahrung mit anderen auch die Ordnung und Beständigkeit anderer in der Zukunft.

Der Einzelne wirkt in einer offenen Gesellschaft auf seine Mitmenschen ein und wird von ihnen fortwährend beeinflusst, wobei sich die Richtung und der Grad der ihm entgegenwirkenden und beeinflussenden Kräfte in der Zeitachse subjektiver menschlicher Existenz und der Verfasstheit der Gesellschaft verändert. Das Ausmaß, in dem Menschen in Unmündigkeit lebten, unterworfen wurden und sich anderen Menschen unterwarfen und nicht gewagt haben, ihre eigenen Begehren und Ansprüche zu artikulieren, war in der Geschichte und insbesondere mit Blick auf die jüngste nationalsozialistische Vergangenheit immens.

Betrachtet man die nationalistisch gefärbte, rechtsradikal-rassistische Szene heute, so scheint der in der Demokratie überwunden geglaubte Charakter, der sich einer Autorität unterwirft (den Adorno in den 50er Jahren als vorurteilsbeladenen autoritären Charakter beschrieben hat), der bestrebt ist, Verantwortung zu delegieren und der an das Heilsversprechen scheinbar entlastender Homogenität durch willkürliche Ausgrenzung von Menschen und Menschengruppen glaubt, wieder verstärkt in Erscheinung zu treten, insbesondere in den Ländern der ehemaligen DDR.

Wenn dem so ist, drängt sich die Frage auf, was den Menschen dazu führt, sein Leben anderen Händen anzuvertrauen, statt es in die eigenen zu nehmen. Verstärkt gar die Delegierung von Verantwortung und die Aufgabe von Eigeninitiative Zufriedenheit und Wohlbefinden? Was würde das für das Zusammenleben, für die Demokratie und die Freiheit bedeuten? Welche Konsequenzen hätte es für das politische System und die Gesellschaft, wenn es eine positive Korrelation zwischen Zufriedenheit einerseits und autoritätshörige Unterwerfung unter ein politisches System mit Wagenburgmentalität andererseits geben würde? Hat die autoritäre Rechte damit Recht, wenn sie behauptet, dass die Menschen erst in der Lage wären, eine ihnen adäquate stabile Identität und damit auch Zufriedenheit zu entwickeln, wenn sie mit einem von fremden Einflüssen geschützten „Volkskörper" eins werden und in ihm aufgehen können? Es wäre das Ende der liberalen demokratischen Idee! Die Politikerinnen und Politiker, wie auch die Bürgerinnen und Bürger sind aufgerufen, sich diesen Fragen zu stellen und Antworten zu finden, die den Antidemokraten die Luft zum Atmen nehmen.

Bei den Einen tradieren sich alte, verschüttet geglaubte Denkmuster und Verformungen aus der NS-Zeit und der DDR-Diktatur und leuchten an Stammtischen oder auch

Abendbrottischen wieder auf, bei anderen scheinen die Konturen und Unterscheidungsmerkmale von Demokratie von Diktatur zu verblassen. Nicht nur, aber besondere bei Jugendlichen scheint in dieser Hinsicht hoher Nachholbedarf an politischer Bildung zu bestehen. Eine große Studie unter Schülern in Ost- und Westdeutschland der Freien Universität Berlin kam schon 2012 zu dem erschreckenden Ergebnis, dass nur etwa die Hälfte der Befragten den NS-Staat als Diktatur bezeichneten, bei der DDR war es sogar nur ein Drittel. Und das wiedervereinigte Deutschland hielten nur etwa 60 Prozent für eine Demokratie. Das Bildungssystem insgesamt, Schulen, Erwachsenenbildungseinrichtungen und die vielfältigen Kulturinstitutionen sind aufgefordert, sich diesem Thema endlich intensiv zu widmen und mehr und bessere Angebote zu machen, Defizite aufzuarbeiten, kritisches Bewusstsein zu entwickeln und eine permanente gesellschaftliche Debatte zum Verhältnis von Diktatur und Demokratie zu moderieren. [25]

In diesem Zusammenhang scheint es mir wichtig, nochmals zu betonen und in die entsprechenden Bildungsansätze zu integrieren, dass jeder Organismus, dass alles Leben in engster Wechselbeziehung mit seiner (ihm äußerlichen und fremden) Umwelt verknüpft ist und dass Leben sich in der Überwindung einer zeitweiligen Disharmonie zwischen den inneren Antriebskräften eines Organismus

[25] Ein interessanter Aspekt ist hierbei, dass die Zahl der politisch engagierten Jugend mit etwa 5 Prozent einen Umfang wie in den 1968er Jahren erreicht. War die Aktivitäten damals jedoch hauptsächlich links motiviert (siehe das Kapitel II,4), so ist heute ein beträchtlicher Teil rechts orientiert.

und dessen äußeren Lebensbedingungen entwickelt. Das gilt natürlich auch für den Menschen. Ein Beispiel: Mangel an Wasser ruft ein Gefühl von Durst hervor, was eine Dissonanz innerhalb des Organismus oder ein Ungleichgewicht des biologischen Systems mit der Umwelt signalisiert und entsprechend einer Korrektur und Anpassung bedarf. Leben strebt nach Gleichgewicht und Lösungen von Dissonanzen und ist dabei fundamental auf eine gelingende Interaktion zwischen Innen- und Außenwelt angewiesen. Veränderungen durchdringen und erhalten einander und geben dem Leben Form, Ordnung und Dauer.

Dissonanz ist die Wahrheit der Harmonie, sagt T.W. Adorno. Dissonanzen werfen ein Schlaglicht auf die Störfaktoren einer harmonischen Ordnung. Sie zeigen uns die Kraftquellen, die Harmonie und das Wohlempfinden verletzen. In der Disharmonie wird deutlich, was Harmonie ist, die Wahrheit der Harmonie wird ins Licht geholt und dieses Erkennen macht eine Bearbeitung der störenden Variablen der Harmonie erst möglich. Um an dem oben genannten physiologischen Beispiel zu bleiben: Dissonanz (Durst) legt offen, was verborgen war (unzureichende Versorgung mit Wasser). Das Streben nach Wahrheit ist in diesem Sinn die Suche nach dem Verborgenen, ein immerwährender Kampf zwischen dem, was man sieht, und dem, was (noch) verborgen ist. Dies gilt nicht nur in biologischen, sondern genauso im Bereich geistiger Vorgänge. Dissonanz holt die Wahrheit ins Offene, *in die Lichtung* (wie Heidegger sich ausdrücken würde). Das ins-Licht-Geholte ist freilich nur ein Teil der Wahrheit des Daseinsganzen. Verbirgt der Lichtstrahl doch zugleich das, was im Schatten verborgen oder von dem Beleuchteten verstellt bleibt. So, wie Wissen immer unvollständig ist, so gewährt auch die Erklärung der Dissonanz immer nur einen ausschnitthaften Blick in die innere Struktur eines geordneten Ganzen.

Rechtspopulistische Identitätspolitik [26] wie auch Faschismus ist Despotismus und Fundamentalismus in einem. Sie behaupten, die Wahrheit zu kennen, einer Wahrheit, die sich auf Vergangenheit und unbegründeten rassistischen Behauptungen und entsprechender Ideologien stützt. Sie schließen Alternativen aus, verbieten Zweifel und offenen Fragen über das Wie und Was des Lebens, sie ignorieren und verweigern den gesellschaftlichen Diskurs, um zu einer gemeinsamen Lösung zu kommen.

Alle Errungenschaften, die sich die Moderne zugutehalten darf, basieren auf Ausdifferenzierungsprozessen. Entdifferenzierung ist zwangsläufig mit Regression verbunden. Die ausdifferenzierte, postnationale Gesellschaft ist auf ein kollektives Zugehörigkeitsgefühl zur Ausbildung einer nationalen Identität angewiesen.

Für Deutschland im Besonderen gilt aufgrund der nationalsozialistischen Vergangenheit und des Holocaust, dass dieses Zugehörigkeitsgefühl heute nicht mehr durch Bezug auf tradierte Nation, kulturelle Tradition oder durch ein bestimmtes Territorium gestiftet werden kann. Stattdessen schlägt Habermas schon 1974 in seinem Essay ‚*Können komplexe Gesellschaften eine vernünftige Identität ausbilden*?' eine breite Debatte darüber vor, was das von allen Geteilte heute sein könnte, aus der dann ein Bewusstsein

---

[26] Vgl dazu die vorangegangenen Ausführungen in diesem Kapitel.

eines gemeinsamen Verständigungszusammenhang erwachsen kann. Auf diesem Wege könnte sich in der komplexen, postnationalen Gesellschaft eine universalistische Identität in kritischer Erinnerung der Tradition oder angeregt durch Wissenschaft, Philosophie und Kunst diskursiv und experimentell bilden. Wir dürfen uns allerdings nicht auf dem gegenwärtigen Wissen, das morgen schon obsolet sein kann, ausruhen und so tun, als ob das Ende der Geschichte erreicht worden ist. Das, was wir sind, sind wir aus der Summe dessen, was wir aus dem kritischen Erbe der Vergangenheit in uns tragen, wie unser Handeln die Gegenwart formt und wie wir die Zukunft denken. Denken im Sinn eines denkenden Überschreitens, bei dem Vorhandenes nicht unterschlagen und nicht überschlagen wird, sondern das Neue als eines, das im bewegten Vorhandensein vermittelt ist, begriffen wird (Ernst Bloch).

Eine solchermaßen offene, postnationale Gesellschaft in Form einer debattierenden, diskursiven Demokratie gebiert Alternativen, lässt Raum für vielfältige Orientierungen und Lebensentwürfe. Sie ergreift Partei für die Zukunft und kann ihr Wissen über konkurrierende Identitätsprojektionen produktiv einbringen. Sie sichert die Interessen der Vielen statt die Einzelner und ist dem Versprechen verpflichtet, dem Volk ein gutes Leben in Freiheit und Gerechtigkeit zu ermöglichen. Liberale Demokratie fördert und erfordert eine *Gemeinschaft, nicht mit dem Gesicht einer Herde oder einer Masse, sondern geprägt von intersubjektiver Solidarität, als vielstimmige Richtungseinheit der Willen, die von gleichem human-konkretem Zielinhalt erfüllt sind* (Ernst Bloch).

Ein mündiges Subjekt behält bei aller Differenz zu den Nächsten und Fernsten somit immer auch deren Interessen und Perspektiven im Blick und ist in seinen Entscheidungen faktisch mitverantwortlich für die anderen Subjekte und darüber hinaus auch für die Gestaltung des gesellschaftlichen Gesamtgefüges. Das schließt ein, divergente politische und gesellschaftliche Situationen auszuhalten. Kein Lebensentwurf, kein Handeln, kein Existenzaspekt ist weder ethisch noch gesellschaftlich belanglos. Der individualisierte Imperativ, nämlich seine Existenz, sein eigenes Leben in Freiheit zu gestalten, fordert ebenso Respekt gegenüber Mitmenschen und tätige Solidarität mit Benachteiligten und Unterdrückten. Das, was man an sich selbst tut, soll man mit Blick auf die gesellschaftlichen Verflechtungen der Subjekte auch an den Mitmenschen tun, so die Kernforderung des kategorischen Imperativs von Kant. Und auch die zweite Forderung Kants hat bis heute nichts an Bedeutung eingebüßt: Habe den Mut dich deines Verstandes zu bedienen - insbesondere dann, wenn die liberale Demokratie in Gefahr gerät.

In einer offenen Gesellschaft sind Zweifel erlaubt, Meinungsverschiedenheiten können in einem fairen Wettstreit öffentlich ausgetragen werden. Die Unversöhnlichkeit der Fronten in der Gesellschaft und das sinkende Vertrauen in die demokratischen Institutionen signalisieren einen Mangel an Kraft und Mut, die Fronten mittels Verstand und Vernunft diskursiv aufzubrechen.

Ja, es gibt viele Problem- und Konfliktfelder, die jeden unterschiedlich treffen, und mit Recht wird gefordert wird, diese zu lösen. Aber man sollte, wie im richtigen Leben auch, versuchen, die Kirche im Dorf zu lassen. Es darf nicht so getan werden, als ob die Komplexität der Welt außen vorgehalten werden könnte, indem man die Augen verschließt und an populistischen Fliegenfängern kleben bleibt.

Ein Staat bildet einen kleinen Teil innerhalb des Weltgeschehens und ist darin eingebettet. Wir, die Bürgerinnen und Bürger des Staates, können in der Welt nur bestehen, wenn wir auf die Fragen und Herausforderungen der uns umgebenden vielschichtigen, komplexen sozialen, politischen, wirtschaftlichen, kulturellen und physischen Welt an uns kompatible Antworten finden, die zu beiderseitigem Nutzen sind. Die grundsätzliche Zustimmung zur ‚*Demokratie als Regierungsform*' ist mit 96,3% laut einer Umfrage des ‚World Value Survey' im Zeitraum 2017-2022 hoch. Es kommt also darauf an, dieses Potenzial durch entsprechendes Regierungshandeln zu nutzen und verlorengegangenes Vertrauen zurückzugewinnen. Die liberale Demokratie kann und darf Fehler machen. Die Versäumnisse und Fehler können und sollen offen diskutiert und korrigiert werden. Das kann nur gelingen durch vernunftgesteuertes, nach vorne gerichtetes verantwortungsvolles und mutiges Handeln seiner Bürgerinnen und Bürger und der Repräsentanten der politischen und parlamentarischen Institutionen, indem sie die partikularen Interessen zu einem gemeinsamen Ganzen verbinden. Sie sind der Sauerstoff der Demokratie und die Bürgen für eine bessere Zukunft.

10 Wider den autokratischen Zeitgeist

Was ist das für eine Zeit, in der wir leben. Man kann diesen Satz sowohl mit einem Ausrufezeichen aber auch mit einem Fragezeichen versehen. Man kann mit Freude, Zuneigung, Staunen, Verwunderung, Abscheu oder Erschrecken auf die Zeit, so wie sie sich jedem einzelnen von uns heute darstellt, blicken. Unabhängig von dem subjektiven Empfindungen, stellt sich die Frage, in welcher Form der objektive Zeitgeist das Denken, das Handeln und die Fühlweise, die Mentalität der Menschen, die in dieser Zeit leben, beeinflusst. Was ist die Eigenart dieser Zeitepoche und als was stellt sie sich uns dar? Spiegelt der gegenwärtige Zustand der Gesellschaft nur ein kurzzeitiges Stimmungsbild, eine Modeerscheinung wider oder kündigt er eine epochale Zeitenwende an?

Die Frage nach der Eigenart, dem Charakter eines Zeitabschnittes umfasst mehr als nur die Frage nach den evidenten wirtschaftlichen, politischen, sozialen und kulturellen Rahmenbedingungen und Institutionen einer Gesellschaft. Die Änderung des ‚Geistes' einer Zeitepoche oder seiner Wesenheit zeigt sich anfänglich zunächst unterhalb der manifesten gesellschaftlichen Evidenzen der Gesellschaft. Er schlägt sich zunächst als schwer fassbares subjektives Weltempfinden nieder, das sich in der weiteren Entwicklung dann auch in den gesellschaftlichen Institutionen manifestiert. Ein neuer Zeitgeist, oder wie Hegel es formuliert hat, der ‚objektive Geist', entwickelt sich insbesondere dort, wo traditionelle normative Orientierungen und Verhaltensstandards ihre Bindungskraft einbüßen. Er unterwandert, zersetzt oder ersetzt bestehende Traditionen,

Normen, Werte, die Moralität und die Sittlichkeit des Staates dort, wo diese nicht mehr ausreichende Bestätigung finden oder ihnen die Anerkennung von relevanten Teilen der Bevölkerung entzogen worden ist. Goethe beschreibt den Zeitgeist als ein Dominanzverhältnis oder hegemoniales Verhältnis eines Teils einer Gesellschaft: „*Wenn eine Seite nun besonders hervortritt, sich der Menge bemächtigt und in dem Grade triumphiert, daß die entgegengesetzte sich in die Enge zurückziehen und für den Augenblick im stillen verbergen muß, so nennt man jenes Übergewicht den Zeitgeist, der denn auch eine Zeitlang sein Wesen treibt.*“[27]

Als frei floatende Geisteshaltung einer Gesellschaft entwickelt sich diese zunächst in kleinen sozialen Bewegungen, Protestgruppen und abgrenzbaren gesellschaftlichen Milieus, in denen neue Denkweisen, Lebensformen und Verhaltensweisen ausprobiert und gelebt werden[28]. Einige dieser Denk- und Lebensformen kristallisieren sich im Zeitablauf als konsensfähige Vorstellungen über die legitime Staats- und Gesellschaftsordnung heraus. Sie verdrängen tradierte normative Annahmen, Verhaltenserwartungen, Moralvorstellungen, Tabus und Glaubenssätze und wirken sich regulierend auf die gesellschaftlich Ordnung und das Verhalten des Individuums aus, was sich schließlich nicht nur in einem Wandel der Gesetzesauslegung, sondern auch in einem Sinnwandel der Gesetze spiegelt.

---

[27] Philosophisches Wörterbuch, Kröner Verlag 1961.

[28] So wie das vielfach in den 1968ern geschehen ist (vgl. Kapitel II,.4).

Ab diesem Stadium kann man von epochaler Wende des Zeitgeistes sprechen.

Der neue Zeitgeist befreit einerseits aus tradierten Bindungen, impliziert andererseits aber auch etwas Einschränkendes und Forderndes, insbesondere natürlich bei den Gruppen, die sich dem veränderten Zeitgeist nicht unterwerfen wollen. In diesen Umbruchzeiten, wo sich das neue noch nicht durchgesetzt hat und das Alte noch wirkmächtig ist, tendiert die Gesellschaft zur Instabilität, zu Polarisierungen und emotionalen Eruptionen. Die historischen Formen des Rechts und des sozialem, ökonomischen und kulturell-geistigen Miteinanders in Staat und Gesellschaft prallen auf die individuell variierende Sphären des sich in der Entwicklung befindlichen subjektiven Geistes, der die Vorherrschaft anstrebt. Beide Sphären tendieren in dieser Entwicklungsphase dahin, nonkonformes Denken, Fühlen und Handeln auszugrenzen und die Freiheit des Denkens einzuschränken und das Wort zu verbieten. Um nochmals Goethe zu Wort kommen zu lassen. Er hat den Ausgang dieses Kampfes um Vorherrschaft prägnant in einem Dreizeiler so ausgedrückt (Faust I: 575-577):

Was ihr den Geist der Zeiten heißt,
Das ist im Grund der Herren eigner Geist,
In dem die Zeiten sich bespiegeln.

Wir befinden uns fraglos in einer Zeit des Umbruchs, der Unsicherheit und der Aufweichung von traditionellen Bindungen in Bezug auf Parteien, auf soziale Milieus, Lebensformen und Hierarchien, hinsichtlich der Auflösungserscheinungen des tradierten Links-Rechts-Denkens in der politischen Landschaft und des Schwindens gewachsener demokratischer Gepflogenheiten mit einer Tendenz zur Akzeptanz oder Hinnahme von autoritären Denkansätzen. Die liberale Demokratie ist in Bedrängnis geraten. Der Geist der nach Macht strebenden Rechtspopulisten und Rechtsradikalen (‚*der Herren eigner Geist*') ist allenthalben spürbar. Er zeigt sich in Form harter Fakten, die sich uns in den Wahlergebnissen offenbaren, aber auch in Gestalt von weichen Faktoren wie Gefühlslagen und Stimmungen bezüglich der Einstellung zu autokratischem Verhalten, die in alle Poren Gesellschaft einsickern und schwer zu greifen sind.

Wenn rechtspopulistische Identitäten und der Zeitgeist des autoritären Denkens und autokratischen Handelns erst einmal in die Gesellschaft eingedrungen sind und sich eine rechtspopulistisch geprägte kollektive Emotion als Inkarnation des herrschenden Zeitgeists in der Alltagskultur etabliert hat, wird es schwer, wie der Nationalsozialismus gezeigt hat, das Rad wieder zurückzudrehen. Gleich einem neuen Viruserreger beginnt er sein Zersetzungswerk im kleinen Kreis derer, die das Virus in sich tragen, dessen Gefährlichkeit aber leugnen und Verschwörungstheorien verbreiten, die von den populistischen Parteien wie der AfD und dem BSW transportiert und mehr und mehr von rechtskonservativen Strömungen adaptiert werden. Wie das Virus hat dieser sich über das Land legende Zeitgeist das Potenzial die Demokratie zu töten.

Demokratie ist eine Lebensform. Wenn also eine ausreichend große Zahl von Menschen glaubt, sein Leben in autokratischen Staatswesen besser gestalten zu können, so wäre der Niedergang der liberalen Demokratie vorprogrammiert. Aus Furcht vor Freiheit und selbstbewusster, autonomer Lebensgestaltung, aus Blindheit, die komplexe Realität zu erkennen, aus Mutlosigkeit, sich nach eigener Einsicht ein vernunftgesteuertes Urteil zu bilden, fliehen viele Menschen in eine illiberale, autoritär geprägte Lebensformen.

Es scheint so, dass viele (in den ostdeutschen Bundesländern sind das fast ein Drittel der Wahlbevölkerung) bevorzugt der Logik des populistischen Zeitgeistes und dessen Narrativ folgen. Dieses Narrativs behauptet: politische, ökonomische, soziale und kulturelle Eliten beherrschen den Staat und bereichern sich an ihm. Sie unterdrücken die Menschen, beuten sie aus, nehmen das Volk in Geißelhaft und machen es zum Opfer des Staates. Deswegen, so die weitere Argumentation, müsse der Staat und die institutionelle Ordnung, die diesen Staat trägt (Rechtsordnung, Verfassung, Parlament, Regierung, Medien) diesen Eliten entrissen und in die Hände des Volkes gelegt werden. Rechtspopulistische Führer beanspruchen für das Volk zu sprechen. Wer sich deren postuliertem ‚wahrem Volksstaat' entgegenstellt, ist ein erklärter ‚Feind' und darf und muss mit allen Mitteln bekämpft werden.

Mit ihrem Handeln und Denken, mit ihren Aufmärschen und ihren medialen Auftritten instrumentalisieren die autokratischen Rechtpopulisten und autoritären Rechtsradikalen die liberale Demokratie, um sie zu zerstören und stattdessen ein ‚neofeudales Herrschaftsmodell' (Stephan Hebel) zu etablieren. Es ist also höchste Zeit den Geist rechtsradikaler Milieus und Gruppierungen ins Scheinwerferlicht zu stellen und Resilienz gegen diese Strömungen zu entwickeln, wenn wir die demokratisch geprägte Lebensform als erstrebenswert erhalten wollen. Die Demokraten können es sich nicht leisten, dem Schauspiel narzisstischer Selbstinszenierung, neoliberaler Attitüde, neofeudalem Herrschaftsanspruch und rassistischem Nationalismus, das die Rechtspopulisten vor unseren Augen aufführen, tatenlos zuzusehen. Gefordert ist ein Optimismus der Tat, um sich dem beschrieben Zeitgeist entgegenzustellen, gerade auch dann, wenn die Intelligenz in uns zum Pessimismus neigt und mit dem Schlimmsten rechnet.

Wir haben in Deutschland das Glück in einem wohlhabenden Staat zu leben, dessen Zusammenleben von einer stabilen und von Menschlichkeit geprägten Verfassung geregelt ist. Unsere Verfassung in Form des Grundgesetzes liefert nicht nur den Gestaltungsrahmen und Geist gemeinschaftlichen Handelns, sondern sie ist gleichzeitig auch eine Aufforderung an alle, sich auf die gegebene Verfassungswirklichkeit einzulassen und die Gesellschaft im Geist dieser Verfassung zum Wohle aller gemeinsam und in gegenseitigem Respekt zu gestalten und aufkommende Probleme kooperativ und vernünftig zu regeln. Der Verfassungsstaat ist Rechtsstaat und Sozialstaat ebenso wie ein ‚state of mind', in dessen Rahmen sich das Denken und Fühlen einer Person entwickeln kann, das wiederum auf die Verfasstheit des Staatsgefüges und seiner Institutionen zurückwirkt.

Eine wichtige Voraussetzung für den Erhalt demokratischer Kultur ist auf der einen Seite ökonomische Stabilität und damit verbunden das Versprechen eines guten Lebens, sowie ein hohes Maß an Verständigungsbereitschaft und Kompromissfähigkeit der Politiker und politischen Parteien und der Bürger, die für eine liberale Demokratie eintreten.

Auf der anderen Seite bedarf es in Staat und Gesellschaft einer Stärkung der Resilienz gegen autokratischen Populismus und die radikale Rechte. Um zu verstehen, auf was das Augenmerk bei der Stärkung der Resilienz gelegt werden muss, ist es sinnvoll, den Inhalt und Geist von Bewegungen wie Populismus, Rechtsradikalismus und Faschismus und Nationalsozialismus, der sich über die Demokratie zu legen droht, nochmals ins Bewusstsein zu rufen.

‚*Man muss die Demokratie rupfen wie ein Huhn, Feder für Feder, so dass Niemand es merkt und es nicht schmerzt; die Masse muss nicht wissen, sondern glauben; sie muss sich unterwerfen und lenken lassen*', forderte Mussolini einst. Populisten und radikale Rechte wissen, was sie tun. Hitler hat das so formuliert: ‚*Der Nationalsozialismus hat in der Demokratie mit der Demokratie die Demokratie besiegt*'. Die Schmerzen der Unfreiheit sollen möglichst erträglich bleiben. Sie kommen mit eher kleinen Schritten daher. Sie leben von der Angst der Menschen und geben vor, die Menschen von der Angst zu befreien, die sie entfacht haben, und präsentieren sich mit einfachen Lösungen als Retter, die alle Vielfalt einebnen.

Charakteristisch ist eine mit politischen Absichten verbundene, auf Volksstimmungen gerichtete Themenwahl und Rhetorik. Dabei geht es mal um die Erzeugung bestimmter Stimmungen, mal um die Ausnutzung und Verstärkung vorhandener Stimmungslagen oder vorhandener Ressentiments zu eigenen (macht) politischen Zwecken. Das übergeordnete Ziel der von Opportunismus geprägten Politik ist, durch Dramatisierung der politischen Lage die Gunst der Massen zu gewinnen.

Die Ideen, Bewegungen, Programme und Aktionen der radikalen Rechten richten sich, wie das Jürgen Kocka ausgeführt hat, *gegen die Normen und Institutionen der liberalen Demokratie, gegen universale Menschenrechte, Rechtsstaatlichkeit und Legitimität von Vielfalt; sie goutieren auf populistische, oft völkische und fast immer nationalistische Weise die Massen und treten zugleich antielitär auf und propagieren ein Staatsverständnis, das, falls erfolgreich, zu autoritären und diktatorischen Politikformen führt.*

Speziell in Bezug auf die Begriffe Faschismus oder Nationalsozialismus müssen diese Charakteristika ergänzt werden durch eine Gewaltkomponente: die Akzeptanz, Befürwortung oder Anwendung von Gewalt bei der aggressiv-expansiven Verfolgung außenpolitischer Ziele und/ oder bei der Bekämpfung von Feinden im Inneren.

Dass der Erhalt der demokratischer Lebensform nicht selbstverständlich ist, zeigt ein kurzer Blick in die Geschichte. Wohlwissend, dass sich Geschichte nicht wiederholt, kann dieser Blick doch wichtig sein, um Gegenwart und mögliche Zukunft (im Sinne Kierkegaards, dass das Leben vorwärts gelebt und rückwärts verstanden wird) besser verstehen und einordnen zu können.

In den 20er und 30er Jahren des 20. Jahrhunderts gehören Klassenspannungen und -unterschiede zwischen Proletariat und Bürgertum, Kämpfe zwischen links und rechts, Kapitalismus versus Sozialismus zur damaligen Lebenswelt. Beim ersten Aufkommen der NS-Bewegung erhielt sie, ähnlich wie heute, Zustrom von zu kurz gekommenen, prekär lebenden, sozial und ökonomisch unterprivilegierten Menschen, von verunsicherten Mittelständlern und sozialökomisch fluiden Existenzen in Stadt und Land, die sich sozial gefährdet oder von Abstiegsängsten geprägt sahen. Lange Zeit blieb die nationalsozialistische Wählerschaft jedoch eine kleine Minderheit. So errang die NSDAP noch im Jahr 1928 lediglich 2,6% der Stimmen bei der Reichstagswahl, entwickelte sich dann aber sprunghaft zu einer klassenübergreifenden Volksbewegung. 1930 erreichte sie 18,3% und 1932 bereits 37,4% der Stimmen, eine Größenordnung, an die sich die Wahlergebnisse der AfD bei der Landtagswahl in Thüringen im Jahr 2024 annähern. Der Durchbruch zur Macht gelang der NSDAP wegen der sich verschlechternden wirtschaftlichen Lage durch die Weltwirtschaftskrise, sowie infolge der beginnenden massiven Unterstützung durch die Eliten des Großkapitals, der Großlandwirtschaft, der Beamtenschaft, der Medien und des Militärs, die sich mehr und mehr auf die Seite der Nazis stellten. Der Stimmungsumschwung zugunsten extremer Parteien ereignete sich auf dem Hintergrund einer verunsicherten und nach Orientierung suchenden Bevölkerung als Reaktion auf die umwälzenden politischen und gesellschaftlichen Veränderungen nach dem Ersten Weltkrieg und einer instabilen demokratischen Kultur in der Gesellschaft, in der zunehmend antidemokratischen Strömungen an die Oberfläche gespült wurden, die zur Verunglimpfung und zur ablehnenden Haltung des parlamentarischen Systems und ihrer Institutionen generell führten.

Einige dieser Punkte kommen auch heute wieder zum Tragen. Mit der von den Siegermächten initiierten gesellschaftlichen und kulturellen Liberalisierung und Demokratisierung nach dem Zweiten Weltkrieg, tat sich die Bevölkerung der Bundesrepublik bis Ende der 60er Jahre schwer. Erst ab den 70er und 80er Jahren begannen sich die Menschen in der Bundesrepublik mit der Demokratie und dem damit verbundenen liberalen Gedankengut anzufreunden. In der DDR entstand in dieser Zeit ein autoritärer Staat, in dem demokratisches Denken nicht eingeübt werden konnte. Den Menschen der neuen Bundesländer wurde 1989 die Demokratie übergestülpt. Sie hatten kein Wahl, wie sie leben wollten und keine Zeit, Demokratie zu leben und ein umfassendes demokratisches Bewusstsein, das sich aus der Gesamtheit der Erkenntnisse, der Gedanken und Gefühle, innerer Wertvorstellungen, Willensrichtungen, vergangener Erfahrungen und zukünftiger Erwartungen bildet, zu entwickeln. Inwieweit heute das demokratische Bewusstsein in Gesamtdeutschland gefestigt ist und den Geist der Zeit bestimmt, wird sich in den nächsten Monaten und Jahren herausstellen.

Die heutigen Herausforderungen erinnern an die Zeit der 20er und 30er Jahre des Deutschen Reiches. Wie damals bestimmen fundamentale wirtschaftliche, soziale und kulturelle Veränderungen seit den 1980er Jahren die Bundesrepublik. In jüngster Zeit tritt der Wandel der Geschlechterverhältnisse in das Bewusstsein großer Teile der Bevölkerung, Social-Media-Kanäle überfluten die Nachrichtenwelt und beeinflussen mit ihrem emotionalen Grollen, ihren Lügen und Falschinformationen massiv die kulturellen und politischen Narrative. Die rasante Globalisierung und die daraus hervorgehende verstärkte Migration und wirtschaftliche und kulturelle Verunsicherungen und Abhängigkeiten wecken reale oder befürchtete Abstiegs- und Abhängigkeitsängste, die von Populisten befeuert werden. Die bedrohliche Umwelt- und Klimakrise, zu deren Bewältigung eine machtvolle, die gesamte Menschheit repräsentierende Institution als handlungsfähiges Subjekt notwendig wäre, die aber nicht existiert und deswegen als kaum bewältigbar erscheint, verstärkt die Verunsicherung. Die sich aus der Umweltkrise ergebende Notwendigkeit einer Transformation und die insgesamt zunehmende Komplexität und Vielfalt der Gesellschaft erscheint vielen Menschen als Überforderung, die populistische Parteien und Bewegungen zu instrumentalisieren versuchen, indem sie mit simplifizierenden, mythisierenden oder eindeutig falschen Informationen und Argumenten eine einfache, überschaubare Welt versprechen.

Im 21. Jahrhundert steht auf diesem Hintergrund die Frage im Raum, ob die Demokratie in Deutschland so gefestigt ist, dass sie den Herausforderungen standhält, oder ob sich der antidemokratische Zeitgeist weiter ausbreitet und rechtsradikale Bewegungen die Oberhand gewinnen, wie das in der ersten Hälfte des letzten Jahrhunderts zu beobachten war.

Der ‚Trumpismus‘ in den USA zeigt uns die Kristallisationspunkte einer heraufziehenden Autokratie, wie sie sich auch bei uns und anderen Staaten weltweit etablieren könnte:

- Populistische Mobilisierung der Arbeiterschaft und unzufriedener, abgehängter Bevölkerungsteile; Unterstützung der rechtspopulistischen Bewegung durch Teile der Eliten; ein Nationalismus, der Unterschiede zwischen Klassen und ethnischen Gruppen zu überwölben versucht oder aber entsprechende Ethnien und unerwünschte Minderheiten aus der

Staatsgemeinschaft ausschließt; Etablierung eines Staatskapitalismus und entsprechende Führung des Staates als ein kapitalistischen Unternehmen.

Es ist unübersehbar, dass sich der marktradikale Kapitalismus, der sich in den USA in Reinform zeigt, weltweit ausgebreitet und dabei an innerer Diversität zugenommen hat. Er bildet den Humus, auf dem sich die weitere politische Entwicklung abspielen wird. Der Kapitalismus erheischt für sich das Versprechen, dass eine Vergesellschaftung oder Vergemeinschaftung der Wirtschaft, dass die Aufhebung des Privateigentums, dass also die Durchsetzung sozialistischer oder sozialdemokratischer Alternativen *nicht* zu mehr Wohlstand für die breite Bevölkerung, zu mehr Gerechtigkeit und zu Freiheit für alle führen würde. Er versucht so, die Arbeiterschaft, Unzufriedene und prekäre Populationen an sich zu binden und gemeinschaftlich orientierte Bewegungen und Sozialstaatsprinzipien zu diskreditieren.

Dahinter steht die Logik, dass nichts besser dem Gemeinwohl dient als das Wohlergehen ‚der Wirtschaft‘, so als ob der unregulierte, marktradikale Kapitalismus und sein an Kapitalinteressen orientiertes unternehmerisches Handeln mit den gemeinwohlorientierten Interessen des Staates Hand in Hand gehen würde. Der Staat hat entsprechend dieser Logik der Ökonomie zu Diensten zu sein und nicht die Ökonomie dem Staat und seinen Bürgerinnen und Bürgern. Die Folgen eines solchen sozialdarwinistischen Wirtschaftsmodells kann man in Argentinien unter dem Präsidenten Milei beobachten: 56% der ArgentinierInnen sind arm, fast ein Drittel extrem arm, die Renten sind seit Jahresbeginn 2024 um mehr als ein Drittel gesunken.

Dieser marktradikalen Logik folgend beauftragte auch Trump die Radikalkapitalisten Vivek Ramaswany und Elon Musk (der nicht nur Herrscher der Media-Plattform X ist, sondern mit Space X auch das amerikanische Raumfahrtprogramm beherrscht und 60% der im Weltraum befindlichen Satelliten besitzt und damit auch militärische Macht) mit der Leitung der ‚Abteilung für effizientes Regieren'. Das ist so, als ob man den Fuchs zum Aufseher des Hühnerstalls macht.

Trump beglaubigte damit nicht nur das bereits angesprochene ‚neo-feudale Herrschaftsmodell', sondern bestärkt auch die kleinen und großen Rechtspopulisten und autokratischen Netzwerke in aller Welt, die sich in ihrem Handeln die USA als Vorbild nehmen werden. In den USA werden mit dem geplanten Maßnahmenpaket von Trump demokratische Prinzipien über Bord geworfen, die Auflösung der Gewaltenteilung offen angestrebt und neben der Exekutive wird auch die Legislative schamlos als eine Agentur des Marktes und des Geschäftslebens degradiert werden.

In Deutschland sind wir noch nicht so weit, aber tendenziell scheinen auch hierzulande rechtsradikale und konservativen Kräfte den Regierungsapparat in erster Linie als eine Agentur der Wirtschaft zu verstehen und für eigene Interessen nutzen zu wollen. Entsprechend des kapitalistischen Prinzips versuchen der FDP-Vorsitzende Christian Lindner und Friedrich Merz, der Kanzlerkandidat der CDU, der seinen Reichtum bei BlackRock, einer der einflussreichsten Kapital-Verwertungsgesellschaften der Welt, erworben hat, Deutschland stramm kapitalistisch und marktradikal auszurichten. Es steht zu befürchten, dass die der Demokratie inhärente Forderung nach Gemeinwohlorientierung des Staates dabei ins Hintertreffen geraten wird.

Unübersehbar ist der Trend, dass die Verfügungsgewalt über Reichtum und über Menschen, die ihn erarbeiten, (wieder) in vielen Ländern eins mit der politischen Macht wird. Ganz im Sinne von „l'état c'est moi" des Sonnenkönigs Ludwig XIV. greift der autokratische Populismus diesen Gedanken auf und verhilft der marktradikalen kapitalistischen Ideologie zu einer Renaissance.

Wenn es, wie viele Analytiker sagen, richtig ist, dass materielle und soziale Sicherheit wichtige Kriterien einer Wahlentscheidung sind, lohnt es sich die gegenwärtige Entwicklung in Richtung eines marktradikalen Kapitalismus und dessen Prinzipien und Ziele nochmals daraufhin zu durchleuchten, inwieweit sie diesen Kriterien und darüber hinaus demokratischen Grundsätzen genügen oder diesen entgegenstehen.

In hochgradig kapitalistisch organisierten Gesellschaften ist die Ökonomie zum Zweck geworden, was lediglich Mittel sein sollte. Herzstücke des Kapitalismus sind die Dominanz des Privaten gegenüber des Gemeinschaftlichen, Eigeninteresse, Profitoptimierung und die Existenz von möglichst unregulierten Märkten, in denen sich die Marktteilnehmer ungestört zum Nutzen eigener, privater Interessen tummeln können. Der Kapitalismus produziert, falls er nicht entsprechend reguliert wird, extreme materielle und soziale Ungleichheit. In diesem Wirtschaftsfundamentalismus wirken die sozialen Bindungskräfte wie Solidarität und Gemeinwohlorientierung wie Sand im Getriebe. In diesem Kampf aller gegen alle gibt es nur Sieger und Besiegte, Amboss oder Hammer. Es ist ein kennzeichnendes Merkmal der Funktionsweise des Kapitalismus, so die Analyse von Oskar Negt, dass Menschen angestachelt werden, ihre Ich-Bezogenheit möglichst bedenkenlos in Wirtschaftskraft umzusetzen. Profitstreben und die Sicherung des eigenen Gewinns auf Kosten der Niederlage anderer. Die Schwachen und Ineffizienten werden beiseitegedrängt. Es liegt auf der Hand, das Verhaltensmuster, die sich an diesen Zweck-Mittel-Prinzipien orientieren, nicht die Herausbildung einer Persönlichkeit fördern, die sich selbst Zweck ist und die ihren Wert in sich selbst sieht.

Das marktradikale, autokratisch-kapitalistische Ordnungsprinzip, das die Natur wie auch die Menschen nur als Ressource betrachtet und ausbeutet, kann keine Basis für eine sinnvolle persönliche, sinnstiftende Lebensperspektive und allgemeinwohlorientierte, menschenwürdige Gesellschaft sein. Es öffnet weit die Tür für rechtspopulistische Rattenfänger, die die nach Identität und Sinn suchenden Menschen für ihre eigenen Zwecke auszunutzen versuchen. Es erodiert die Identität der Gesellschaftsmitglieder und ist mit demokratischen Prinzipien unvereinbar. Der ebenfalls von Oskar Negt eingeführte Begriff der ‚Erosionskrise', die durch das kapitalistische Prinzip ausgelöst wurde, macht dies deutlich. Krisen diesen Typs verändern die Subjekte in ihren wichtigsten Lebensäußerungen, in ihrem Arbeitsverhalten, in ihrem Selbstwertgefühl, in ihren Wert- und Bedürfnisorientierungen und führen zu einer Norm- und Orientierungslosigkeit und zu Gefühlen der Vereinsamung und Verlassenheit, die aus Macht- und Hilflosigkeit

Angstzustände hervorrufen können. Es ist ein Zustand, in dem alte Normen nicht mehr gelten, die regulierende Kraft der Tradition teilweise oder ganz außer Kraft gesetzt ist, aber neue Handlungsorientierungen, die Sicherheit im Alltag verbürgen, noch nicht gefunden sind.

Das ist der Zustand, in dem sich Deutschland und große Teile unserer Welt befinden oder im Begriff sind, diesen Entwicklungsweg einzuschlagen. In diesem Zusammenhang ist bezeichnend, dass bei einer entsprechenden Umfrage in Deutschland 53,4 Prozent der Bevölkerung angaben, dass ihr Sicherheit wichtiger als Freiheit ist.

Demokratie und Kapitalismus stehen in einem ständigen Spannungsverhältnis zueinander. Die sozial-liberale Demokratie und marktradikaler Kapitalismus folgen unterschiedliche Logiken. Der marktradikale Kapitalismus ist dem Staatsgefüge gegenüber prinzipiell indifferent. Deshalb können auch Anti-Demokraten mit dem Kapitalismus koexistieren, wie die Beispiele Russland oder China mit ihrem oligarchischen, autokratischen Staatskapitalismus zeigen. Zwischen eigennützigem kapitalistischen Profitstreben und demokratischer Allgemeinverpflichtung reißt eine große Kluft auf. Kapitalismus lebt von Ungleichheit und ungleichen Eigentumsverhältnissen und Gewinnmaximierung[29], die Demokratie von prinzipieller Gleichheit und gleichen Rechten, von selbstbestimmten, individuellen Freiheitsräumen, Minderheitenschutz und Schutz der sozial

[29] Wie Rudolf Hickel in seinem Artikel ‚*Epochaler Tarifvertrag*‘ in der Frankfurter Rundschau vom 31.12. 2024 analysiert hat, ist der Gewinnmaximierungsgedanke ein ausschlaggebender Aspekt, der zur Krise bei VW geführt hat.

Schwachen, sowie demokratisch gesteuerter Verteilungsgerechtigkeit hinsichtlich der erwirtschafteten sozialpsychologischen ('Wohlbefinden') und materiellen ('Wohlstand') Werte.

Der Kapitalismus kann, wie gesagt, in einer Diktatur ebenso wie in einer Demokratie existieren. In der Demokratie ist der Staat jedoch verpflichtet, den Markt durch staatliche Eingriffe zum Wohle der Menschen zu regulieren. Die Demokratie wird sozial sein müssen, oder sie wird nicht sein. Sozial-liberale Demokratie bedeutet nichts anderes, als dass Herrschaft einer begünstigten Minderheit über eine benachteiligte Mehrheit ein Ende gefunden hat, und deren Bedürfnisse nach Gemeinschaft, Stetigkeit, Achtung und Selbstwert befriedigt werden. Soziale Demokratie zielt auf das, was Aristoteles mit Bezug auf Freundschaft einmal formuliert hat: Wohlwollen, Eintracht und Wohltun. Oder auch dem, was die Französische Revolution auf ihre Fahnen geschrieben hat: Freiheit, Gerechtigkeit, Brüderlichkeit. Der soziale und demokratische Staat ist also aufgefordert, Verhältnisse herzustellen, in denen der Mensch weder ein erniedrigtes noch geknechtetes noch verlassenes Wesen ist. Notwendig ist eine ‚gemeinwohlorientierte Ökonomie' (wie das Christian Felber vorgeschlagen hat), in der das Wirtschaftsziel nicht ‚Profit', sondern ‚Gemeinwohl' ist und ‚Konkurrenz' durch ‚Kooperation' ersetzt wird.

In der marktradikalen Gesellschaft, in der alle Menschen Unternehmer einer Ich-AG sein sollen, steht jeder gegen jeden. Die sozialen Bindekräfte der Menschen werden allmählich zerbröseln und die Errungenschaften der Aufklärung wie Solidarität, legislative und distributive Gerechtigkeit, Selbstbestimmung des autonom denkenden, aus eigener Einsicht urteilsfähigen Menschen und Menschenwürde drohen ins Abseits gedrückt zu werden. Wir leben in einer Zeitepoche, in der die Idee des marktradikalen Kapitalismus zu einer die ganze Gesellschaft bestimmenden Ethik und Weltsicht geworden ist. Auf diesem Hintergrund muss im Mittelpunkt jeder demokratieorientierten Politik, die den Rechtspopulismus in die Schranken zu weisen vermag, mehr denn je der Mensch, dessen Würde und Einzigartigkeit, dessen Wohlergehen und dessen physisches und psycho-soziales Wohlempfinden stehen. Demokratie ist der Menschlichkeit verpflichtet und dem Menschen zugewandt. Der natürliche Feind der Demokratie ist die Entwertung und das Zur-Ware-werden der Menschen durch unregulierten Kapitalismus und in dessen Fahrwasser auch durch die zunehmend kapitalistisch-autokratisch strukturierte Cyber- und Medienlandschaft, wie das heute bereits in den USA zu beobachten ist.

Mit Blick auf die populistischen und autoritären Tendenzen und dem damit einhergehenden Gefährdungspotenzial der Demokratie stellt sich die Frage nach dem Weg aus dem marktfundamentalistischen Kapitalismus und seinem tendenziell neo-feudalem Herrschaftssystem in radikal neuer Art und Dringlichkeit. Die Auseinandersetzung zwischen Kapitalismus und Demokratie ist mit der Verdrängung der Realökonomie hin zur Finanzindustrie und der Finanz- und Meinungsmacht des Silikon-Valley-Unternehmertums einer zunehmenden Zerreißprobe ausgesetzt.

Die Demokratie wäre schlecht beraten, wenn sie sich untrennbar mit der Logik der Kapitalinteressen verknüpfen würde. Es bliebe ihr dann nichts anderes übrig, als sich den ‚Systemimperativen des verwilderten Kapitalismus' (Habermas) zu unterwerfen, der, so die dahinterstehende Hypothese, nicht den Erwartungen und Bedürfnissen der Wähler zu entsprechen vermag.

Als Staatsform würde die liberale Demokratie scheitern und den Populisten das Feld überlassen, wenn sie nicht mehr die Interessen der vielen, sondern nur die Einzelner, insbesondere den Eigentümern von Kapital mit ihrer politischen Macht, zu sichern vermag, ohne dem Volk ein gutes Leben versprechen zu können. Je mehr sich der Staat aus der Fürsorge für das Leben der normalen Menschen zurückzieht und zulässt, dass diese in politische Apathie versinken, desto leichter können politische Demagogen und an Profit interessierte Wirtschaftsverbände diesen Staat, mehr oder minder unbemerkt, zu einem Selbstbedienungsladen machen, so Colin Crouch, ein wichtiger Theoretiker der postdemokratischen Gesellschaft.

Die kapitalistische Wirtschaft praktiziert gegenwärtig eine Art Sozialismus, indem sie sich die Infrastruktur für reibungsloses, effektives und profitables Wirtschaften, sowie die Kosten (wie zum Beispiel Umweltkosten) des kapitalistischen Wirtschaftens von Einkommens- und Lohnempfängern bezahlen lässt. Das bedeutet eine Sozialisierung der Rahmenbedingungen des kapitalistischen Wirtschaftens, während die Profite privatisiert werden und allein in die Kassen der privaten Eigentümer und Vermögensbesitzer fließen. Auf diesem Hintergrund ist der Staat aufgefordert, sowohl das Marktgeschehen als auch das unternehmerische Handeln zu demokratisieren und einer sozialstaatlichen Kontrolle zu unterwerfen.

Ein zentrales Versprechen der Demokratie als Staatsform ist gutes Leben[30] zu ermöglichen. Dazu gehört neben der Sicherung von individueller Freiheit, sozialer und öffentlicher Sicherheit, von Gerechtigkeit und Gleichheit auch materieller Wohlstand. Und dass Demokratien zu letzterem in der Lage sind, belegen die Forschungen der Preisträger des Nobelpreises 2024 für Wirtschaft über den ‚Wohlstand der Nationen'. Sie zeigen, dass funktionierende Demokratien einen höheren wirtschaftlichen Wohlstand generieren als alle anderen Staatsformen.

Neben der Realisierung von Wohlstand kann darüber hinaus gutes Leben in einer funktionierenden Demokratie nur gelingen, wenn im Rahmen einer gemeinwirtschaftlichen Ordnung gleichrangig soziale, politische, ökonomische, ökologische und kulturelle Gesichtspunkte verknüpft werden. Demokratie wird sozial sein müssen oder untergehen und sie bedarf einer demokratieadäquaten Ökonomie. Eckpunkte und Mindestanforderungen an eine solche ökonomische Ordnung sind:

- Einbindung des Marktes in strikte Regeln und soziale Bezüge. Eine soziale, gemeinwohlorientierte Marktwirtschaft also, die sich nicht selbst überlassen werden darf, sondern durch den Staat bewusst sozial gesteuert werden muss.

---

[30] Siehe dazu auch ausführlicher das Kapitel I ‚Conditio humana' in diesem Buch, sowie mein Buch ‚GUTES LEBEN'. Freiheit, Gerechtigkeit, Solidarität', Norderstedt 2020.

- Verhinderung wirtschaftlicher Macht möglichst bereits im Entstehungsstadium, da, wie die weltweiten Beispiele zu genüge zeigen, einmal entstandene ökonomische Machtzentren kaum kontrolliert werden können, sie aber ab einer gewissen Größenordnung dazu tendieren, durch ihre finanzielle und wirtschaftliche Macht, durch Lobbyismus und personelle Verknüpfungen, selbst Teil jener politischen Macht zu werden, die sie eigentlich zum Wohle des Gemeinwohls regulieren soll.

- Persönliche Haftung der ökonomischen Entscheidungsträger, im Sinne ›Wer den Nutzen hat, muss auch den Schaden tragen‹, da ansonsten ein verantwortliches ökonomisches Handeln nicht erwartbar ist.

Dieser Ansatz impliziert nicht die Aufgabe oder Verteufelung des kapitalistischen Wirtschaftens, sondern eine gebändigte Form eines gemeinwohlorientierten Kapitalismus im Sinne einer sinnvollen Vermischung von staatlichen und privaten wirtschaftlichen Tätigkeiten. Nicht jede Wirtschaftstätigkeit soll und muss über Wettbewerbsmärkte organisiert werden, insbesondere dann nicht, wenn etwa Monopol- oder Oligopolbildungen drohen. Insbesondere muss der Staat in den Bereichen der Grundsicherung und -versorgung die Initiative ergreifen und sie den privatkapitalistischen Profiterwartungen entziehen. Wir benötigen einen Infrastruktursozialismus, der unter anderem die elementaren Grundbedürfnisse als öffentliche Güter den Bürgerinnen und Bürgern zur Verfügung stellt. Zu nennen wären hier zum Beispiel: Wasserversorgung; Mobilität, wie Straßenbau, öffentlicher Verkehr (Bahn und Schienennetze); Gesundheit; Bildung; Wohnen; Energieversorgung; Umweltschutz und Maßnahmen gegen den Klimawandel;

Infrastrukturinvestitionen; Ausbau der Rekommunalisierung von Angeboten kommunaler Dienstleistungen.

Entscheidend wird sein, dass sich bei den Wählerinnen und Wählern ein Bewusstseinswandel entfaltet und die Erkenntnis reift, dass es soziale Alternativen zur bestehenden Ordnung gibt, die die Chance für ein gutes Leben bieten. In der Demokratie steht es den Bürgerinnen und Bürgern prinzipiell frei, sich für die rechtsextrem-nationalistische AfD, für Trump, einen pathologischen Narzissten, oder Orban, einen autoritären Machtmenschen, für den Demokratie nur ein Hindernis der persönlichen Machtausübung ist – oder aber sich für die liberale Demokratie zu entscheiden.

Der demokratisch organisierte Staat ist auf diesem Hintergrund aufgefordert, demokratische Errungenschaften und das Versprechen von gutem Leben nicht nur zu realisieren, sondern spürbar und *sichtbar* zu machen, so dass diese in das politische Bewusstsein eindringen können und entsprechendes demokratisches Handeln zu initiieren vermögen. Es sind enorme Investitionen in Aufklärung, Information und Gesprächen notwendig, um ›demokratische Antikörper‹ gegen antidemokratische Tendenzen und Denkweisen entwickeln zu können. Aber auch umfangreiche materielle Investitionen, die zur spürbaren Verbesserung von konkreten Lebenssituationen führen, die wieder Vertrauen in die Politik generieren.

IV Was darf ich hoffen?

11 Mehr Mut zu neuem Denken

Man kann es nicht oft genug wiederholen: Demokratie lebt von Vertrauen. Es wäre das Ende der Demokratie, wenn das Wahlvolk das Vertrauen in das politische Handeln und die Politikerelite verlieren und Verachtung und Hohn die Oberhand gewinnen würde. Um dies zu verhindern, ist es wichtig, dass das Handeln der Politikerinnen und Politiker und die Entscheidungen der Politik so weit wie möglich unter Berücksichtigung des Willens der Bürgerinnen und Bürger getroffen werden. Dazu muss sie sich einerseits verständlich machen, aufklären und überzeugen, und sie muss sich andererseits sensibilisieren hinsichtlich deren Erwartungen und Lebensperspektiven. Habermas mahnt an, institutionelle Voraussetzungen zu schaffen, damit diese Prozesse in demokratischen Bahnen stattfinden können: *»Eine Konzentration der Macht bei einem intergouvernementalen Ausschuss der Regierungschefs, die ihre Vereinbarungen den nationalen Parlamenten aufs Auge drücken, ist der falsche Weg. Ein demokratisches Europa, das keineswegs die Gestalt eines europäischen Bundesstaates annehmen muss, muss anders aussehen. Dieses Projekt verlangt nicht nur institutionelle Phantasie. Die überfällige Kontroverse über Notwendigkeit und Nutzen eines solchen Projekts muss in der breiten Öffentlichkeit ausgetragen werden. Das verlangt allerdings von den politischen Eliten nicht nur den üblichen Spagat zwischen Bürgerinteressen und dem Rat der Experten. Die erneute Anbahnung eines verfassungsgebenden Prozesses würde* *vielmehr ein Engagement verlangen, das von den Routinen des Machtopportunismus abweicht und Risiken eingeht.«*[31] Es wird Mut und ein neues Denken erfordern, das nicht nur den Weiterbau, sondern auch den einen oder anderen institutionellen Neubau notwendig macht.

Wenn wir vorerst einmal die institutionellen Rahmenbedingungen hintanstellen und so tun, als ob die Politik in der Lage wäre, die richtigen Entscheidungen im Sinne des Volkes zu treffen, dann tritt als entscheidendes Problem die Machtfrage in den Vordergrund. Inwieweit ist die Politik in der Lage, die von ihrem demokratischen Auftrag abgeleitete und für richtig erkannten Entscheidungen durchzusetzen. Alle demokratische Willensbildung wäre nichts als ein papierner Tiger, wenn der demokratische Staat nicht die Macht hätte, einmal getroffene Beschlüsse in konkrete Gesetze zu gießen und die Durchsetzung dieser Gesetze zu garantieren.

Die liberale Demokratie würde erheblich an Durchsetzungsmacht verlieren, wenn sie sich untrennbar mit der Logik des Kapitals und der ungeregelten Kapitalinteressen verknüpfen würde. Es bliebe ihr dann nichts anderes übrig, als sich den Systemimperativen des Finanzkapitalismus zu unterwerfen, der nicht den Bedürfnissen und Erwartungen ihrer Wähler zu entsprechen vermag. Die Kolumnistin der Frankfurter Rundschau, Brigitte Fehrle, sieht diesen Kampf der Politik gegen die Finanzlobbyisten bereits als verloren an: Die Politik *»benimmt sich wie ein Player auf den anarchischen internationalen Finanzmärkten, die nur der Logik*

---

[31] Jürgen Habermas, Rettet die Würde der Demokratie. In: Faz.Net vom 14.11. 2011.

der Geldvermehrung gehorchen. Sie hat sich auf ein Kräftemessen eingelassen, das sie verlieren muss ... Wir beobachten die Selbstentleibung der Politik ... sie machen keine Gesetze mehr, d.h. Spekulanten vom Spekulieren abhalten...«[32] Die Politik wird machtlos, wenn sie sich auf die Regeln der unregulierten kapitalistischen Ökonomie einlässt. Eine Machtlosigkeit, die der Niederlage des Politischen gegenüber dem Ökonomischen den Weg ebnen und geradewegs in die vielbeschworene postdemokratische Gesellschaft führen würde, wie sie der britische Politikwissenschaftler Colin Crouch bereits 2004 beschrieben hat.[33] Crouch definiert die Postdemokratie als *»ein Gemeinwesen, in dem zwar nach wie vor Wahlen abgehalten werden [...], in dem allerdings konkurrierende Teams professioneller PR-Experten die öffentliche Debatte während der Wahlkämpfe so stark kontrollieren, daß sie zu einem reinen Spektakel verkommt, bei dem man nur über eine Reihe von Problemen diskutiert, die die Experten zuvor ausgewählt haben.«*[34]

Die Postdemokratie bezeichnet einen Zustand, in dem die demokratischen Institutionen wie Parteien und Parlamente zwar noch bestehen, aber kaum mehr Einfluss auf die Politik haben und mehr oder weniger zu leeren Hülsen geworden sind. Mit der schleichenden Aushöhlung demokratischer Institutionen und Verfahren geht einher die steigende Macht von Großkonzernen und anderer privater Ak-

---

[32] Brigitte Fehrle, Im Griff der Spekulanten. Leitartikel in der Frankfurter Rundschau vom 20.10.2011.

[33] Colin Crouch, Post-Democracy, Oxford 2004. deutsch: Postdemokratie, Frankfurt 2008.

[34] Colin Crouch, Postdemokratie, Frankfurt 2008, S. 10.

teure, die in enger Kooperation mit den sie unterstützenden wirtschaftlichen Lobbygruppen das entstandene Vakuum ausfüllen. Die gewählten Repräsentanten der demokratischen Institutionen verlagern nach dieser Theorie ihre Kompetenzen und damit auch die Verantwortung für ihr Handeln auf Experten und Kommissionen. Das Wahlvolk wäre nicht mehr der Souverän, in dessen Auftrag entschieden werden muss. Die Politik ist deshalb aufgefordert, den Bürger zu befähigen, die vorgegebenen, in erster Linie ökonomischen Notwendigkeiten, die dem Allgemeinwohl dienen und aus Sicht der Experten objektiv bestimmbar sind, nachvollziehen zu können. Interessenkonflikte würden dann in demokratischen Verfahren und Mehrheitsentscheidungen ausgetragen und nicht in entsprechenden Fachkommissionen beraten und durch Verwaltungsakte exekutiert.

In ähnlicher Richtung argumentieren Dirk Pilz und Friederike Schröter. Sie sehen den Wähler aufgrund der Machtfülle der ökonomischen Interessengruppen und der Schwäche der politischen Elite zusehends weniger in der Lage, im Sinne seiner eigenen Interessen zu handeln. Sollte diese Analyse stimmen, so hätte sich das demokratische Prinzip erschöpft und man müsste nach Ansicht dieser beiden Autoren der Frage nachgehen, ob es, wie das auch Die ZEIT in einer Artikelserie untersucht hat, »*eine Alternative zur Demokratie gibt, die nicht auf Diktatur oder den autoritären Staat hinausläuft ... Als Regierungsform kommt die westliche Demokratie an ihre Grenzen, wenn sie nicht mehr das leisten kann, wozu sie erfunden wurde: die Inte-*

ressen der Vielen, statt die Einzelner zu sichern und dem Volk so ein gutes Leben zu versprechen.«[35]

Diese Äußerungen zur Demokratie wiegen schwer und spiegeln den Vertrauensverlust in den demokratischen Staat wider. Die Demokratie kann Fehler machen, das Volk darf deshalb der Demokratie nicht das das Vertrauen entziehen, sondern darauf vertrauen, dass die demokratischen Institutionen und ihre Repräsentanten es in Zukunft besser machen und den sich abzeichnenden Herausforderungen, die sich aus der Machtfülle der ökonomischen Gegenspieler ergeben, gewachsen sein werden. Der gegenwärtige Vertrauensverlusts ist nicht durch eine unsichtbare Hand ausgelöst worden oder durch mysteriöse, undurchschaubare ökonomische Prozesse entstanden, sondern durch bewusste Entscheidungen und Gesetze eben dieser Politiker, die den neoliberalen Heilsversprechungen Glauben schenken, und die durch stetige Förderung der Kapitalseite und Ausweitung des Finanzsektors zu Lasten der Realwirtschaft und abhängig Beschäftigten die schwierige Situation herbeigeführt haben. »*Je mehr sich der Staat aus der Fürsorge für das Leben der normalen Menschen zurückzieht und zuläßt, daß diese in politische Apathie versinken, desto leichter können Wirtschaftsverbände ihn – mehr oder minder unbemerkt – zu einem Selbstbedienungsladen machen.«*[36]

Dies mag eine Strategie der Apologeten des Neoliberalismus sein. Mit Blick auf die Handlungsfähigkeit des Staa-

---

[35] Dirk Pilz und Friederike Schröter, Wir sind zunächst am Ende. In: Frankfurter Rundschau vom 5.11.2011.

[36] Colin Crouch, Postdemokratie, Frankfurt 2008, S. 29f.

tes verweist die Unfähigkeit der politischen Elite, diesen Zusammenhang zu erkennen, auf ihre fundamentale Naivität gegenüber den neoliberalen Denkansätzen.

Wenn es der Politik und den demokratischen Institutionen nicht gelingt, Maßnahmen durchzusetzen, die darauf zielen, die wachsende Dominanz der ökonomischen Eliten und des Kapitals einzudämmen, ist zu befürchten, dass diese unser politisches System metastasieren und die demokratische Kultur in den Tod treiben (eine Tendenz die zurzeit mit der Wahl von Trump in den USA zu beobachten ist). Ein Tod, den der apathisch gewordene Bürger möglicherweise sogar begrüßt, weil er sich der technokratischen Weisheit der Experten unterworfen hat und ihm so die Bürde der Entscheidung über Problemfelder, mit denen er nach Meinung eben dieser Experten überfordert ist, genommen worden ist.

»*All die ökonomischen Fragen und Probleme, die uns heute bedrängen, sind doch völlig der demokratischen Kontrolle entzogen. Da wo es wichtig ist, funktioniert die Demokratie nicht*«[37], befürchtet der Philosoph Zizek. Die Demokratie zu bewahren, verlangt von der Politik in einem ersten, sicher noch nicht hinreichenden, Schritt, sich von dem asozialen, anarchischen Gebaren der Finanzmärkte und den Einflüsterungen ökonomischer Lobbyisten zu befreien und den Markt unter politische Kontrolle zu bringen. Die Volkswirtschaft muss so gestaltet werden, dass sie wieder dem Wohl der Mehrheit des Volkes dient und nicht als Geldmaschine für die, die mit ihrem Geld nichts ande-

---

[37] Slavoj Zizek in einem Interview in der Frankfurter Rundschau vom 23.12. 2011, S. 31.

res im Sinn haben, als möglichst viel Geld zu machen, zu wetten und zu spekulieren (wie das während der Finanzkrise im Jahr 2008 in erschreckender Weise deutlich geworden ist).

Um dem demokratischen Prinzip eine Chance zu eröffnen und sich dem »*legitimen Anspruch, dass es in den europäischen Wohlstandsgesellschaften neben dem privaten Reichtum keine öffentliche Armut und keine marginalisierte Armutsbevölkerung geben darf*«[38], zu nähern, bedarf es eines politischen Willens, der das Wirtschaftssystem vor dem Kapital und den Markt vor den Monopolisten schützt und wirklichen Wettbewerb wiederherstellt, der die Realökonomie stärkt und die exorbitante Blase an virtuellem, liquidem Finanzkapital reduziert.

Die Aktivitäten etablierter politischer Institutionen in den letzten dreißig bis vierzig Jahre geben leider wenig Anlass zu der Hoffnung, dass deren Repräsentanten aus der Vergangenheit gelernt und die Kraft haben, das Blatt zu wenden und sich aus der Umklammerung sogenannter alternativloser ökonomischer Sachzwänge zu befreien. Umso wichtiger dürfte es für die Zukunft sein, Nichtregierungsinitiativen zu stärken, deren Kräfte zu bündeln und einer politischen Kultur den Weg zu bereiten, die sich nicht an einer Minderheit von kapitalkräftigen Aktionären, Großkonzernen und Finanzdienstleistern, sondern an den Bedürfnissen der Mehrheit, den Bedürfnissen der Menschen nach einem guten Leben orientiert. Dort, wo Menschen zu-

---

[38] Jürgen Habermas, Rettet die Würde der Demokratie. In: Faz.Net vom 14.11. 2011.

sammenkommen und jeder den Mut hat für sich selbst zu sprechen, wird sich zwangsläufig etwas Neues ergeben.

Im Folgenden soll versucht werden, einige Leitlinien einer neuen sozialen Wirtschaftsordnung zu skizzieren und zur Diskussion zu stellen, in der die Ideologie des marktradikalen Kapitalismus und die nach Profitmaximierung ausgerichteten Ökonomie als dominante Merkmale des Wirtschaftsgeschehens durch eine sozialverträgliche Ökonomie ersetzt wird.

Basis eines solchen Ansatzes muss sein:

- die Wirtschaft wieder in den Dienst des Menschen zustellen, sozialen und wirtschaftlichen Wohlstand zu sichern und ein menschenwürdiges Leben in solidarischer und demokratischer Verantwortung zu ermöglichen, und
- die Ordnungsfunktion des Staates und der Politik, national und international mit Blick auf die Stärkung des Steuerungsprinzips *Kooperation* gegenüber der Steuerung durch *Konkurrenz* beziehungsweise Markt, sowie die Stärkung der Interessen von Realkapital und Arbeit zu verbessern.

Wie bereits die Gründer der sozialen Marktwirtschaft gesehen und formuliert haben, ist unabdingbare Voraussetzung für eine soziale Wirtschaftsordnung die Begrenzung wirtschaftlicher Macht und politischer Herrschaft. Letzteres wird durch die demokratische Prinzipien und Institutionen zu erreichen versucht. Die Begrenzung wirtschaftlicher Macht ist fehlgeschlagen und gefährdet nicht nur die Demokratie, sondern erodiert auch das soziale Leben und die Würde des Menschen. Aus diesem Grund ist meines Erachtens eine grundlegende Struktur-Reform des Wirtschaftens und eine strikte Regulierung des Marktes und einzelner Marktteilnehmer unentbehrlich. Auch wenn viele Aspekte des hier vorgestellten Demokratischen Marktsozialismus (DMS) ihre volle Wirkung erst bei internationaler Implementierung entfalten, so sollte angesichts der dringenden Probleme, wie schon beim Atomausstieg, nicht auf den Konsens der Welt gewartet werden, sondern mutig im eigenen Land und der EU oder zumindest den Euro-Staaten vorangeschritten werden – auch wenn wir damit Gefahr laufen von den US-Amerikanern, die im Schlepptau eines Trump oder Musk gefangen sind, als Kommunisten verschrien zu werden, weil das freie Spiel der Marktkräfte behindert werde.

Demokratischer Marktsozialismus intendiert, die gegenwärtige Praxis des Wirtschaftens umzudrehen. Heute praktizieren das Kapital und die Banken eine Art Sozialismus, indem sie sich die Infrastruktur für profitables Wirtschaften sowie die Verluste und Kosten des kapitalistischen Wirtschaftens vom Einkommens- und Lohnempfängern bezahlen lassen (Sozialisierung der Rahmenbedingungen und Verluste), während die Profite allein der Förderung des Wohlstands privater Eigentümer und Vermögensbesitzer dienen. Beim DMS haften das Kapital, die Finanzdienstleister und Großunternehmer wieder für die eingegangenen Risiken (Reprivatisierung der Verluste) und die Gemeinschaft insgesamt profitiert auf der Grundlage der Gemeinwohlverpflichtung des Eigentums von der wirtschaftlichen Tätigkeit aller Marktteilnehmer durch Steigerung des gesellschaftlichen Wohlstand, indem angemessene Teile der Gewinne der Gemeinschaft, in der diese Gewinne erwirtschaftet werden und die zu ihrer Ermöglichung beigetragen hat, zu Gute kommen (Sozialisierung von Gewinnen und Profiten aus Unternehmertätigkeit und Vermögen in Form von Steuern und Einkommens- und Lohnzuwächsen).

Für die Politik und die gesellschaftliche Diskussion der zukünftigen Entwicklungslinien ergeben sich aus dem bisher gesagten vier Basis-Forderungen:

1. Regulierung und Reformierung des Bankensystems und des Finanzmarkts, sowie Rückführung des Finanzsystems zu ihrer genuinen Aufgabe: Unterstützung der Realwirtschaft mit Krediten.

2. Wiederherstellung eines fairen Wettbewerbsmarkts auf den einzelnen Teilmärkten der Realwirtschaft, sowohl auf nationaler und europäischer Ebene.

3. Ein gemischtes Wirtschaftssystem in Form einer Kombination von Markt und Staat, von Konkurrenz und Kooperation, von individueller Entfaltung und sozialer Verantwortung, die die Prosperitätsphase der Nachkriegszeit geprägt hatte, kann ein Anknüpfungspunkt sein, bei dem Versuch, die gesellschaftlichen Interessensgegensätze zu integrieren.

4. Rückführung der Finanzaktiva, die keine realwirtschaftliche Deckung haben zugunsten einer gerechteren Einkommensverteilung und zur Verbesserung der Einnahmesituation und Leistungsfähigkeit des Staates: Tilgung der Schulden und Verbesserung staatlicher Aufgaben wie zum Beispiel Bildung, Gesundheit, Infrastruktur und Sozialleistungen.

12 Demokratie und die europäische Vision

In der französischen Revolution wurden Werte wie Freiheit, Gleichheit, Brüderlichkeit in den Mittelpunkt des Bewusstseins gerückt. Freiheit verstanden als die Freiheit, sein Leben unter Berücksichtigung der Belange der Mitmenschen in freier Selbstverantwortung zu bestimmen und zu gestalten. Gleichheit als Gleichheit vor dem Gesetz und Brüderlichkeit verstanden als Mitverantwortung für die Mitmenschen, die soziale Eingebundenheit und Solidarität.

Gerade aus heutiger Sicht, wo vielerorts die Mitmenschlichkeit und die Achtung Andersdenkender mit den Füßen getreten wird, scheint es mir wichtig, wieder ins Bewusstsein zu rücken, dass hinter all dem, was in der französischen Revolution und der auf ihr fußenden Aufklärung postuliert wurde, als oberster Wert der Respekt vor dem Menschen in seiner Individualität und Einzigartigkeit steht. Als politische Forderung, ergibt sich daraus die Entfaltung seiner Fähigkeiten und die Möglichkeiten der Verwirklichung von individuell gesteckten Zielen zu fördern, Selbstverantwortung zu stärken und Gerechtigkeit allen Menschen gegenüber walten zu lassen.

Menschenwürde und Respekt vor dem Menschen beinhaltet aber auch, und das ist der soziale Aspekt des Menschseins, der in dem Begriff der ‚Brüderlichkeit' der Französischen Revolution mitschwingt, die Aufforderung, die soziale Eingebundenheit der Menschen und die Solidarität innerhalb einer Gemeinschaft zu fördern, das heißt, eine Kultur des Miteinanders zu entwickeln.

Respektiere den Menschen um seiner selbst willen, bedeutet für jeden Einzelnen im Umgang mit anderen, die Wertigkeit des Gegenübers niemals in Frage zu stellen. Und es bedeutet weiter, sich im täglichen Handeln immer wieder ins Bewusstsein zu rufen, den Mitmenschen als einzigartige Person zu achten und Empathie für ihn zu entwickeln.

Welche Staatsverfassung könnte diese Ansprüche besser in praktische Politik umsetzen als die liberale Demokratie. Demokratie ist ein immerwährender Prozess und ständige Herausforderung und Zukunftsaufgabe. Fragt man sich, wo man Ansätze zur Bewältigung der auf uns zukommenden Aufgaben findet, so denke ich, dass die Europäische Union, auch unter Berücksichtigung aller gerechtfertigter Kritik, das Potenzial dazu hat und einige Ansatzpunkte in die richtige Richtung weisen.

Es mag verwundern, da gerade sie in den letzten Jahren immer mehr ins Gerede gekommen ist und sich viele von ihr abgewendet haben. Bezeichnenderweise bekämpft gerade die radikale Rechte in Deutschland und andere Ländern Europas vehement die multikulturelle Gesellschaft, die die europäische Union repräsentiert.

Aber gerade Europa hat in seiner langen, leidvollen Geschichte viele Erfahrungen gesammelt, welches Leid nationales Dominanzstreben und nationale Egoismen unter die Völker bringen können. Europa hat daraus gelernt und sich auf ein friedliches Miteinander geeinigt, das jetzt schon viele Jahrzehnte seine Stärke erwiesen hat.

Auch mag es auf den ersten Blick paradox erscheinen, dass gerade eine Region wie Europa, das in ihren nationalen Volkswirtschaften immer noch entsprechen der neoliberal-kapitalistischen Ideologie agiert, hier auf den Schild gehoben wird als ein möglicher Wegbereiter in eine neue Ära der Balance zwischen Wirtschaften und Individuum und demokratischem, gesellschaftlichem Zusammenleben. Die Europäische Union steckt mitten in einem Lernprozess und sucht nach gangbaren Wegen der Kooperation, des friedlichen Miteinanders und eines inter- oder übernationalen Bewusstseins. Gerade in diesem – manchmal und manchem vielleicht quälend erscheinendem - prozessualen Charakter wird deutlich, wie schwierig die Lösung globaler und transnationaler Probleme auf Konsensbasis ist.

Der Kern der europäischen Vision wird an dem Verfassungsentwurf der Europäischen Union von 2004 deutlich. Im Folgenden geht es mir nicht um eine detaillierte Analyse dieses Entwurfs, sondern um die Potenziale und möglichen globalen Auswirkungen eines solchen Selbstverständnisses.

Am 25. 3. 1957 wurden von sechs europäischen Staaten die Römischen Verträge unterzeichnet. Heute gehören zur Europäischen Union 27 Mitgliedstaaten mit knapp 450 Millionen Menschen. Das gesteigerte wirtschaftliche und politische Gewicht der Union verlangte damals nach einer grundlegenden Neuordnung ihrer Kompetenzen und Handlungsinstrumente, nach stärkerer Demokratisierung, Transparenz und Effizienz ihrer Strukturen und Organe.

Der Verfassungsentwurf wurde am 18. Juni 2004 durch den Europäischen Rat in Brüssel verabschiedet. Am 29. Oktober 2004 wurde die Europäische Verfassung daraufhin von den Staats- und Regierungschefs der EU unterzeichnet. Am 29. Mai 2005 hat Frankreich in einem Referendum über den Verfassungsvertrag mit 55 Prozent der Stimmen gegen das Vertragswerk votiert. Kurz darauf erfolgte am 1. Juni 2005 ein weiteres Referendum in den Niederlanden, wo es sich um die erste Volksbefragung in dem Land seit 200 Jahren handelte. Auch hier wies eine große Mehrheit von 61,6 % den Verfassungsvertrag zurück. In Deutschland erfolgte die Zustimmung des Bundestags am 12. Mai 2005 mit 95,8 % der abgegebenen Stimmen.

Auch wenn der Verfassungsentwurf nicht ratifiziert worden war, es war der Versuch einer Region in der Welt, sich rechtsverbindlich über Grundsätze des Zusammenlebens von Menschen und Völkern zu verständigen und einem überregionalen Konglomerat von Staaten eine Grundlage zu geben.

Der Leitspruch der Union lautet: *'In Vielfalt geeint'*. Sie hebt damit ausdrücklich hervor, dass ein Staatengebilde keine Eindimensionalität beanspruchen darf, sondern der Eigenheiten und Vielfalt der Nationen Rechnung tragen muss – und dass diese Eigenheiten Verfassungsrang haben. Identitätsstiftend ist also für die darin lebenden Völker nicht mehr der Raum (wie das die radikale Rechte definiert[39]) und die Staatlichkeit, sondern die Zugehörigkeit, die Verantwortlichkeit für ein übergeordnetes Ganzes. Das ist im globalen Maßstab ein gangbarer Ansatzpunkt, der von den nationalen Egoismen wegführt, hin zu einem politischen Universalismus. Noch wichtiger erscheint mir aber die Erkenntnis, die in Artikel I-4, Absatz 4 niedergelegt ist: *"In ihren Beziehungen zur übrigen Welt schützt und fördert die Union ihre Werte und Interessen. Sie leistet einen Beitrag zu Frieden und Sicherheit, globaler nachhaltiger Ent-*

---

[39] Vgl. dazu Volker Weiß, Die Autoritäre Revolte, Stuttgart 2017.

wicklung, Solidarität und gegenseitiger Achtung unter den Völkern, freiem und gerechtem Handel, Beseitigung der Armut und zu Schutz der Menschenrechte..."

Die Europäische Union sah sich in diesem Entwurf also nicht mehr nur als Verwalter eigener Interessen, sondern auch als Förderer weltweiter Solidarität und Schützer der Menschenrechte. Und dies nicht nur für den zwischenstaatlichen Bereich der EU, sondern auch global. Sie dokumentiert damit den universellen Anspruch und Unteilbarkeit von Menschenrechten. Bisher waren Verfassungen nahezu ausschließlich auf den nationalen Bereich beschränkt. Die EU wollte als erste Region der Welt die globale Verantwortung für die Menschen in nationalen Verfassungsrang heben. Sie übernahm damit Gesamtverantwortung für den Globus. Verantwortung impliziert in diesem Zusammenhang das Bewusstsein von der Gebrechlichkeit, Verwundbarkeit und Schutzbedürftigkeit des Menschen als solchen, unabhängig davon, wo dieser Mensch geboren wurde oder gerade lebt. Im Vordergrund möglicher Aktivitäten stehen Unterstützung und Solidarität und nicht Bevormundung oder Durchsetzung nationaler Machtinteressen. Dazu gehört auch der Verfassungsrang des Subsidiaritätsprinzips (Artikel 1-11, Absatz 3), das bei aller globalen Verantwortung die Region, die lokale Gemeinschaft bei den Aufgaben, die sie selbst besser lösen können, in der Verantwortung lässt.

Die Europäische Union lieferte mit ihrem Verfassungsentwurf einen Ansatzpunkt, die Übermacht eindimensionalen Denkens, das in erster Linie Wirtschaftlichkeit und Effizienz bedeutet, im Zaum zu halten. Werte wie Solidarität, Schutz der Schwachen und Hilfsbedürftigen, Empathie und

Menschenwürde sollten durch diesen Verfassungsentwurf gestärkt werden und können als Modell für andere Regionen dieser Welt dienen. Und die Europäische Union setzte damit auch ein Zeichen, dass nicht die Starken allein das Sagen in der Welt haben sollen, dass sich jede Nation auch um das Wohl anderer Völker zu kümmern hat (beidem haben die USA in der Trump-Ära leider abgeschworen).

In der gegenwärtigen Zeit hat Europa nicht die Macht und vielleicht auch nicht den einigenden Willen, diese Konzeption in der Welt durchzusetzen. Aber diese Übereinkunft von damals 25 Staaten Europas setzte ein starkes moralisches Zeichen für soziale Verantwortung, Mitmenschlichkeit und Solidarität. Ablösung des rein utilitaristischen Vernunftdenkens und des Lebens auf Kosten anderer Menschen und der Natur zugunsten eines empathischen Netzwerkdenkens, wo Kooperation und Vertrauen das wichtigste soziale Bindemittel bilden, wo der Mitmensch und die Natur nicht ausgegrenzt werden, sondern zur Entwicklung des Selbst Vorrang haben.

Europa war also schon einmal viel weiter als heute, wo es sich gegen antidemokratische Strömungen in vielen europäischen Ländern, aber auch in den USA, der Türkei und vielen Ländern der Welt behaupten muss. Es wäre an der Zeit, dass die Bürger der EU, wie auch die Staatenlenker der Europäische Union sich an diese vielversprechenden Ansätze zu Beginn unseres Jahrhunderts zurückerinnern, die europäische Idee in diesem Sinn erneuern und in den Ländern der EU stärker verankern.

Ziel muss sein, allen Menschen eine würdige Existenz über die nationalen Grenzen hinweg zu ermöglichen und die Erosionskrise des solidarischen Zusammenhalts der

Gesellschaft, die Marginalisierung großer Bevölkerungsteile und nicht zuletzt das soziale und wirtschaftliche Ungleichgewicht und die damit zusammenhängende Ungerechtigkeit, Ungleichheits- und Identitätskrise in der Gesellschaft überwinden zu helfen. Gerade letzteres hat in der Spektakel- und Empörungskultur der autoritären Rechtspopulisten wie der AfD und der rechten Identitären Bewegung (IB) einen hohen Stellenwert, denen die liberale und soziale Demokratie nicht das Feld überlassen darf.

Der Autor

Henning Schramm, geboren 1944 in Tübingen, studierte Soziologie, Volkswirtschaft und Ethnologie in Mainz, Tübingen und Frankfurt/Main, wo er auch sein Studium als Diplom-Soziologe beendete.
Danach war er zunächst Wissenschaftsredakteur. Anschließend arbeitete er als Wissenschaftlicher Mitarbeiter mit einem Lehrauftrag an der Universität Frankfurt/Main. Am Lehrstuhl ‚Pädagogik 3. Welt' war er neben der Lehrtätigkeit auch verantwortlicher Redakteur der von dem Lehrstuhl herausgegeben Zeitschrift und als Leiter eines entwicklungspolitischen Studienprojekt des Kultusministeriums Hessen tätig. In dieser Zeit gründete er auch den Verlag für ‚Interkulturelle Kommunikation' (IKO) in Frankfurt.
Nach der Lehrtätigkeit und der Verlagsarbeit arbeitet er viele Jahre in einem führenden deutschen Markt- und Prognoseforschungsinstitut.
Seit Beginn der Jahrhundertwende ist Henning Schramm als Buchautor tätig und veröffentlichte zahlreiche Romane und Sachbücher.
Er lebt mit seiner Frau in Frankfurt/Main.

Mehr Informationen zum Autor und seinen bisher erschienenen Büchern finden Sie auf der Homepage:
www.henningschramm.de

Bibliografie von Henning Schramm

Schramm, H.: Bildungsarbeit mit Ausländern in der BRD. Erwachsenenbildungsansatz und Evaluationskonzept, IKO-Verlag Frankfurt 1983
Schramm, H.: Recht auf Ineffizienz. Orientierung und Lebenssinn im Kapitalismus: Ein Zeitporträt. 1. Auflage Münster 2005, 2. Auflage, Berlin 2016
Schramm, H.: Innenansichten, Autobiografische Erzählung, 1. Auflage Münster 2008. 2. Auflage Berlin 2016.
Schramm, H.: Als der Himmel weinte, Kriminalroman, BoD, Norderstedt 2009
Schramm, H.: Piano Grande, Roman, Neuauflage BoD, Norderstedt 2021 (Erstauflage: Paula M., Morlant Verlag, Karben 2012)
Schramm, H.: Mensch, sei Mensch! Fünf Essays über die Freiheit des Menschen. BoD, Norderstedt 2021 (Erstauflage: Morlant Verlag, Karben 2012)
Schramm. H.: Warum nicht die Wahrheit sagen. Olympe de Gouges. Femme galante und Kämpferin für die Rechte der Frau in der Französischen Revolution. Historisch-biografischer Roman. Neuauflage BoD, Norderstedt 2021 (Erstauflage: Morlant Verlag, Karben 2013)
Schramm, H.: Der Frauenakt, Novelle, Neuauflage BoD, Norderstedt 2021 Morlant (Erstauflage: Morlant Verlag, Karben 2015)
Schramm, H.: Flammenbilder, Roman, Neuauflage BoD Norderstedt 2021 (Erstauflage: Morlant Verlag, Niddatal 2018)
Schramm, H.: Verdacht und Vertrauen. Eine deutsche Geschichte 1918-1968, Roman, Norderstedt 2019
Schramm, H.: Gutes Leben, Sachbuch, Norderstedt 2020
Schramm, H.: Ein Gefühl nur … Lyrik von Vater und Sohn. Norderstedt 2022
Schramm, H.: Demokratie leben! Sachbuch, Norderstedt 2023

DEMOKRATIE LEBEN!
Wie Populismus
die demokratische Kultur zersetzt

Sachbuch, Paperback, 188 Seiten
BoD Verlag 2023; ISBN 978 3 7481 6652 8;
Buchpreis 9,00 €
E-Book: ISBN 9783757835446; Preis 5,99€;

Die Zeit ist reif für ein Umdenken nicht nur ökonomisch, sondern insbesondere auch aus sozialer und politischer Perspektive. Die seit längerem zu beobachtenden regionalen und geopolitischen Umwälzungen in Deutschland, Europa und der Welt, die nicht zuletzt durch den russischen Angriffskrieg in der Ukraine befeuert worden sind, haben massive Auswirkungen auf die politische Kultur und das Politik- und Demokratieverständnis in der Welt (gut 55 Prozent aller Staaten werden heute von autoritären oder despotischen Regimen regiert) und Deutschland.
Die rechtsextremen, populistisch-autokratischen Parteien, Bewegungen und Gruppierungen in Deutschland versuchen die entstandenen Unsicherheiten in der Bevölkerung für sich zu nutzen und zu instrumentalisieren. Sie verhöhnen das Parlament als elitäre ‚Quasselbude', das unfähig ist die richtigen Entscheidungen zum Wohle der Republik zu treffen, wie das schon die Rechte in der Weimarer Republik behauptete. Die AfD und andere rechte Kräfte in Deutschland verbreiten Schreckensszenarien auf allen politischen, sozialen und ökonomischen Politikfeldern.

EIN GEFÜHL NUR ...
Lyrik von Vater und Sohn

Gebundene Hardcover Ausgabe, 127 Seiten
Buchpreis: 15,90 €
BoD Verlag 2022
ISBN 978 3 7557 8504 0
E-Book: ISBN 9783756260850; Preis 7,49€

Zwischen den hier vorgestellten Gedichten und lyrischen Texten von Gerhard Schramm und seinem Sohn Henning Schramm liegt ein Zeitraum von mehr als siebzig Jahren. Die Gedichte von Gerhard und Schramm sind in der Zeit kurz nach dem zweiten Weltkrieg bis Mitte der 1950er Jahre entstanden, diejenigen seines Sohnes überwiegend in den zwanziger Jahren dieses Jahrhunderts. Beide spiegeln das Lebensgefühl ihrer jeweiligen Zeit und sind gleichzeitig Ausdruck dessen, wie sich das je spezifische Zeitgeschehen in den beiden Autoren niedergeschlagen hat und von ihnen in lyrischer Form wieder in die Welt entlassen wurde.
Lyrik über existenzielle Fragen des Menschenseins wie Freiheit, Liebe, Lebensglück, Entbehrungen und Ängste, aber auch Heiteres und Humorvolles. Beide Autoren haben sich auf je eigene Art und Weise mit diesen Fragen auseinandergesetzt und sie in lyrische Formen gegossen.

Gutes Leben.
Freiheit Gerechtigkeit Solidarität
Sachbuch

BoD-Verlag 2020
366 Seiten, 13,50€
ISBN: 978 3 7526 0840 3
E-Book: ISBN 9783752695823; Preis 6,49€

Im Mittelpunkt der dem Buch zugrunde liegenden Überlegungen steht neben der subjektiven Frage nach gutem Leben, wie sie sich jedem individuellen Leben stellt, gleichrangig die Frage nach den Voraussetzungen und Bedingungen hin zu einer sorgenden Lebensform – einer Gesellschaftsform, dessen Ziel ist, gutes Leben für alle zu ermöglichen.

Dies fordert heraus, über Existenz und Wesen des Menschen, über das Gemeinschaftliche aller Menschen und die Sinnhaftigkeit menschlichen Seins nachzudenken und Alternativen zu entwickeln. Unsere derzeitige imperative Lebensweise zwingt uns, die Frage, was gutes Leben ist und die Bedingungen für gutes Leben neu zu stellen. Wie wollen wir in Zukunft leben? Welche Vorstellungen von gutem Leben, von Entwicklung und Fortschritt sind damit verbunden? Was ist richtiges und falsches Tun, gelungener und nicht gelungener Umgang mit dem Leben?

Verdacht und Vertrauen
Eine deutsche Geschichte 1918-1968
Roman

BoD-Verlag 2019
400 Seiten, 12,95€
ISBN: 978 3 7504 1948 3
E-Book: ISBN 9783750475519; 8,99 €

Auf der Grundlage biografischer Quellen und gesicherter historischer Fakten zeichnet der historische Roman ein Bild von Deutschland im 20. Jahrhundert, in dem Argwohn und Verdächtigungen Vertrauen korrumpierten und so einen der Grundpfeiler einer funktionierenden Demokratie unterhöhlten. Der Roman mischt sich damit in die Diskussion ein, wie es damals zu der nationalsozialistischen Katastrophe kommen konnte. Er beleuchtet die Politik von Deutschland in der Nachkriegszeit, die in die 1968er-Revolte mündete und schärft den Blick für gegenwärtige rechtspopulistische Tendenzen in der Gesellschaft.

»*Mit der Geschichte zweier deutscher Familien im Verlauf dreier Generationen beschreibt Henning Schramm anschaulich die psychische Gemengelage zwischen den Generationen, wie sie sich nach zwei verlorenen Weltkriegen und dem Zivilisationsbruch des Holocausts und des industriell organisierten Völkermords entwickelt hat.*« (Auszug aus dem Vorwort von Heipe Weiss)

Warum nicht die Wahrheit sagen.
Olympe de Gouges.
Historisch-biografischer Roman

Neuauflage 2021 BoD Verlag
(Erstauflage bei Morlant Verlag)
448 Seiten; € 14,50
ISBN 978 3 7543 2393 9
E-Book: ISBN 9783750400948; 4,99€

»*Ich bin eine Frau. Ich fürchte den Tod und eure Marter. Aber ich habe kein Schuldbekenntnis zu machen. Ist nicht die Meinungsfreiheit dem Menschen als wertvollstes Erbe geweiht?*« So verteidigte sich die Frauenrechtlerin Olympe de Gouges vor dem Revolutionstribunal in Paris.

Eine kompromisslose Humanistin, eine sinnliche, lebenslustige und mutige Frau, die der Wahrheit unter Lebensgefahr zum Recht verhelfen will.

Der Leser taucht ein in die rebellische Zeit des Umbruchs, geprägt von den Anfängen der Aufklärung und den Hoffnungen wie auch der Gewalt, die mit der französischen Revolution verbunden waren.

Piano Grande
Roman

Neuauflage BoD 2021
(Erstauflage bei Morlant Verlag unter Paula M.)
360 Seiten, € 12,00
ISBN 978 3 7543 3404 1
E-Book: 9783754390054; 7,99€

Piano Grande ist ein zeitkritischer Roman, der vom Schicksal einer skrupellosen, erfolgreichen Managerin erzählt, die sich selbst und ihre Wurzeln findet.
Paula, eine intelligente, selbstständige, schöne und vielschichtige Frau, sucht ihre Identität als Frau, die ihr nach dem Scherbengericht der ersten großen Liebe aus den Händen geglitten ist und sie in die Welt des Geldes und Profits getrieben hat. Auf dem Hintergrund der existenziellen Anfechtungen und Herausforderungen in einer von ökonomischen Interessen überlagerten Welt wird die Geschichte einer Frau auf der Suche nach dem Ich, nach ihrem Selbstverständnis, nach Sinn, nach Liebe erzählt.

Der Frauenakt
Novelle

Neuauflage 2021 BoD Verlag
(Erstauflage bei Morlant Verlag)
250 Seiten, € 8,50
ISBN 978 3 7543 3216 0
E-Book: ISBN 9783750410183; 3,49€

Solange es Kunst gibt, wird diskutiert, was Kunst ist und was den Wert eines Kunstwerks ausmacht. Die Rolle des Geldes führte in den großen Erzählungen um Kunst und Künstler bislang allerdings weitgehend ein Schattendasein. Im Zuge des Neoliberalismus und der Globalisierung hat sich in den letzten Jahren der Blickwinkel verändert.

Diese Problematik und die Rolle der Kunsthändler in diesem Geflecht bilden den Hintergrund der vorliegenden Novelle. Sie führt den Leser in die schillernd-gefährliche Welt von Kunst und Kunsthandel und die Nazivergangenheiten der Familien der Protagonisten. Der Vorwurf der Geldwäsche und des Handels mit Raubkunst steht im Raum …

Flammenbilder
Roman

Neuauflage 2021 BoD
(Erstauflage bei Morlant-Verlag)
270 Seiten, 8,50 €
ISBN: 978 3 7543 3180 4
E-Book: ISBN 9783750405530; 3,49€

Wir leben in einer Zeit des schnellen Wandels und der Umbrüche. Schlagworte, die dies verdeutlichen, sind: Weltweite Fluchtbewegungen, Globalisierung, Neoliberalismus, Digitalisierung und die neuen soziale Medien. Begleiterscheinungen dieser Prozesse sind unter anderem das Aufblühen einer neuen Rechten in Deutschland.

Auf diesem Hintergrund entwirft der Roman ein Psychogramm der Staatsorgane wie Polizei, Verfassungsschutz und Justiz, die uns eigentlich schützen sollen, aber offenbar oftmals unfähig oder unwillig sind, die rechte Gewalt wirksam zu bekämpfen.

Sachkundig, wendungsreich und spannend entwickelt sich das Handlungsgeschehen hin zu einem raffinierten und fesselnden politischen Thriller.

Andreas Balser, 1. Vorsitzender der Antifaschistischen Bildungsinitiative e.V. Friedberg, schreibt über den Roman:

»Ich bin begeistert von dem Roman. Er ist hochaktuell und thematisiert die aktuell laufenden Debatten und Gedankengänge. Er beschreibt die Verwicklungen der Geheimdienste sowie die unsägliche Rolle der V-Männer in den organisierten „Rechtsextremismus" treffend.«

Mensch, sei Mensch!
Fünf Essays über grundsätzliche Fragen des Menschseins

Neuauflage 2021 BoD Verlag
(Erstauflage bei Morlant Verlag)
176 Seiten, € 6,50
ISBN: 978 3 7543 3502 4
E-Book: ISBN:978-3-754390-20-7; 3,99 €

Was sind die integrativen und sinnstiftenden Urstoffe unserer Existenz und menschlichen Seins?
* Evolutionstheorie, Bewusstsein und Neurobiologie;
* Freiheit und Unfreiheit von Glaubenssystemen
* Der Mensch zwischen Glauben, Vernunft und sozialer Verantwortung;
* Neoliberale Wirtschaftstheorie – eine Glaubensfrage? Ansätze einer sozialen Ökonomie

Heute, im Zeitalter von Gentechnik, von umwälzenden Neuerungen in der Informationstechnologie sowie einer um sich greifenden Globalisierung der Wirtschaft und Ökonomisierung der Gesellschaft, stellt sich die Frage nach der conditio humana mehr denn je. Die Idee der Aufklärung, die in der Einsicht begründet war, dass der Mensch im Vertrauen auf die Kraft seines vernünftigen Geistes sich selbst aus der Unmündigkeit und der Bevormundung durch weltliche und geistliche Autoritäten herauszuführen vermag, ist nach wie vor lebendig.
Was haben wir aus der Idee der Aufklärung gemacht? Haben wir uns von der ungerechtfertigten Bevormundung durch weltliche Autoritäten und geistlichen Dogmen tatsächlich befreit und sind mündige Bürger in einem frei verfassten Staat geworden? Wo liegen die Begrenzungen, wo die Gefährdungen für ein gutes, glückliches Leben heute?

Als der Himmel weinte
Kriminalroman

Neuauflage 2021 BoD Verlag
(Erstauflage 2009 bei BoD)
212 Seiten, € 12,50
ISBN 978 3 8391 4030 7
E-Book: ISBN 9783739211770; 7,99 €

Eine junge, frisch verliebte Frau macht mit ihrem Vater Urlaub in Frankreich. Kurz nach ihrem 18. Geburtstag verschwindet sie auf rätselhafte Weise. Angeblich ist sie mit einer Urlaubsbekanntschaft durchgebrannt. Ihr Freund glaubt diese Geschichte nicht und macht sich auf die Suche nach der Wahrheit und seiner Geliebten. Die Spur führt nach Frankfurt am Main. Die öffnende, unbeschwerte und einfühlende Welt des Liebenden prallt auf eine lieb- und gefühllose Gegenwelt. Die auf Vertrauen, Liebe und Sinnenfreude basierenden Liebesbeziehung eines jungen Paares droht im Schatten dieser kalten und erbarmungslosen Gegenmacht zu zerbrechen.

Manchmal übersteigt die Realität das Phantasievermögen und zwingt dazu, Untiefen des menschlichen Seins wahrzunehmen, die manch einer nicht wahrhaben will oder kann. Der vorliegende Sozialthriller greift solch eine Realität auf. Eine verstörende, unwirkliche Realität. Ein Wissen von einem Geschehen, das alle Gewissheiten in Frage stellt – und das vom Leser so intensiv mitempfunden wird, da es auf einer wahren Begebenheit basiert, die literarisch ver- und bearbeitet wurde. Der Roman gewährt Einblicke in das Dunkel menschlicher Fantasie mit ihren Scheinwelten, die Macht- und Allmachtsfantasien, die sich nicht nur in den ›Amokläufen‹ unserer Zeit widerspiegeln, immer mehr Raum bietet.

Recht auf Ineffizienz
Sachbuch

Verlag: epubli. 2. Auflage 2016
136 Seiten, Euro 7,99
ISBN 978 3 8658 2195 9
E-Book bei BoD Verlag: ISBN 9783739214849; 4,99 €

Die aktuelle Diskussion über Reformen, den Zustand und die Zukunft Deutschlands und der Welt hat vielerorts zu einer Verunsicherung über den richtigen Weg in der Wirtschaft und Politik, aber auch der persönlichen Positionsbestimmung geführt. Die fortschreitende Kapitalisierung aller Lebensbereiche, die Sicherung des eigenen Gewinns auf Kosten der Niederlage anderer und Effizienzdenken beherrschen zunehmend die gesellschaftlichen Handlungsfelder. Welchen Spielraum lassen diese ökonomischen und gesellschaftlichen Entwicklungen dem Menschen, um sich entfalten zu können? Wie können sie sich orientieren und Selbstbewusstsein und Selbst-Wert aufbauen?
Auf diesem Hintergrund entwirft der Autor ein kritisches Zeitportrait der Gesellschaft des 21. Jahrhunderts und analysiert die mittelfristig vorhersehbaren Auswirkungen einer ungesteuerten kapitalistischen Entwicklung für den Einzelnen und die Gemeinschaft. Die gesellschaftliche Akzeptanz des Rechts auf Ineffizienz ist, so die These des Buches, ein bedeutender Schritt in Richtung auf eine Kreativgesellschaft, in der nicht die ökonomischen, sondern die sinnstiftenden Potenziale des Menschen an Gewicht gewinnen.

innenansichten
Die Nachkriegsgeneration – autobiografische Rekonstruktionen

Verlag epupli, 2. Auflage 2016
256 Seiten, Euro 14,95
ISBN 978 3 8658 2716 6
Unter dem Titel 'Innenräume'
ist 2016 eine Neubearbeitung
als E-Book erschienen, Euro 4,99
ISBN: 9783739241203

In dem freimütigen und nachdenklichen Buch erzählt der Ende des Zweiten Weltkrieges geborene Ich-Erzähler von einem Leben in Deutschland – seinem Leben. Es ist eine Zeitreise in die erinnerten Facetten seines Ichs und dessen Prägungen durch die Geschehnisse der Welt. Geschichte und Geschichten über Sexualität, Liebe, Familie, Tod, Hoffnung, Selbstachtung und Würde, über das Erleben des politischen Geschehens und des Aufbruchs in den 68er Jahren.
Wie sind wir geworden, wer wir sind? Zurückdenkend drängt sich die Gegenwart in die biographische und politische Vergangenheit und umgekehrt. Was sind die prägenden Einflüsse auf das Verhalten und die Grundmotive eines individuellen Lebens? Die Eltern, hineingeboren in das dunkelste Kapitel deutscher Geschichte, die Kindheit, geprägt durch die schwierigen Nachkriegsjahre, die emotionalen und sexuellen Höhenflüge und Abstürze in der Jugend, die Eindrücke des politischen Geschehens dieses von Brüchen übersäten 19. und 20. Jahrhunderts?
Erinnerungen beginnen zu fließen, geben Gefühle frei, Gesichter, Worte, Schmerzen und Glück, Vergessenes und Verdrängtes.